大家小书

人民诗人杜甫

萧涤非 著
萧光乾 萧海川 编

北京出版集团
文津出版社

图书在版编目（CIP）数据

人民诗人杜甫 / 萧涤非著 ；萧光乾 ，萧海川编 . —
北京 ：文津出版社，2020.7
（大家小书）
ISBN 978-7-80554-719-0

Ⅰ. ①人… Ⅱ. ①萧… ②萧… ③萧… Ⅲ. ① 杜甫（712–770）—人物研究 Ⅳ. ① K825.6

中国版本图书馆 CIP 数据核字（2020）第 032561 号

总 策 划：安 东 高立志　　责任编辑：高立志 侯天保
责任印制：陈冬梅　　装帧设计：金 山

·大家小书·
人民诗人杜甫
RENMIN SHIREN DU FU
萧涤非 著　萧光乾 萧海川 编

出 版 北京出版集团
文津出版社
地 址 北京北三环中路 6 号
邮 编 100120
网 址 www.bph.com.cn
总 发 行 北京出版集团
印 刷 北京华联印刷有限公司
经 销 新华书店
开 本 880 毫米 ×1230 毫米 1/32
印 张 10.25
插 图 5
字 数 162 千字
版 次 2020 年 7 月第 1 版
印 次 2023 年 5 月第 2 次印刷
书 号 ISBN 978-7-80554-719-0
定 价 49.00 元

杜甫像

萧涤非先生与夫人黄兼芬女士在书房（1986 年初夏）

萧涤非先生在书房（1989年春）

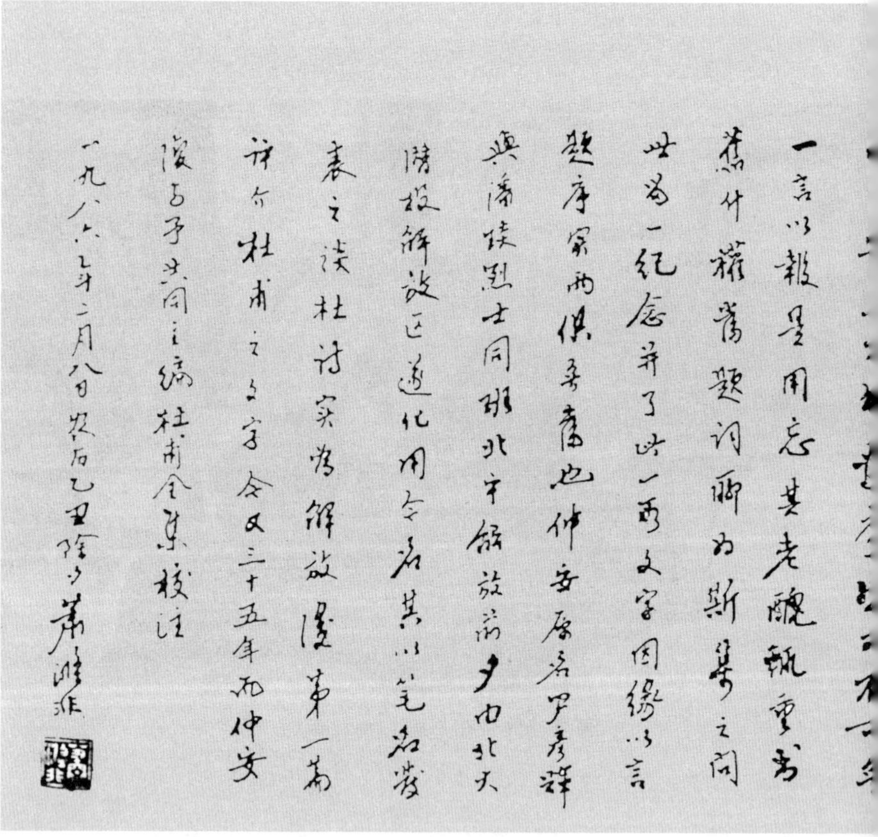
一言以蔽，是用忘其老丑，甄录为
旧作杂篇题词，聊为斯集之间
世留一纪念，并了此一段文字因缘。以言
题序，实两俱无当也。仲安原名罗孝祥，
与潘琰烈士同班，北平解放前夕由北大
随校解放区，遂化用今名。其以笔名发
表之《读杜诗》，实为解放后第一篇
评介杜甫之文字。今又三十五年，而仲安
复与予共同主编《杜甫全集校注》。
一九八六年二月八日农历乙丑除夕 萧涤非

萧涤非先生手迹

春来日日望花开自
绕栏杆手自栽但使一枝
能照眼不辞心血活
蒿莱

是诗写予一九四六年春将离昆
明而南联大时书赠仲安者今四十
年矣仲安颇复珍惜多年浩劫
中不幸被抄失每引以为憾最
近仲安辑其过图以索予重写者

我经常怀着这样一种心愿，就是：把诗人杜甫和他的诗，向广大的劳动人民介绍，让广大的劳动人民也懂得他和他的诗。

萧涤非

总　序

袁行霈

“大家小书”，是一个很俏皮的名称。此所谓“大家”，包括两方面的含义：一、书的作者是大家；二、书是写给大家看的，是大家的读物。所谓“小书”者，只是就其篇幅而言，篇幅显得小一些罢了。若论学术性则不但不轻，有些倒是相当重。其实，篇幅大小也是相对的，一部书十万字，在今天的印刷条件下，似乎算小书，若在老子、孔子的时代，又何尝就小呢？

编辑这套丛书，有一个用意就是节省读者的时间，让读者在较短的时间内获得较多的知识。在信息爆炸的时代，人们要学的东西太多了。补习，遂成为经常的需要。如果不善于补习，东抓一把，西抓一把，今天补这，明天补那，效果未必很好。如果把读书当成吃补药，还会失去读书时应有的那份从容和快乐。这套丛书每本的篇幅都小，读者即使细细地阅读慢慢地体味，也花不了多少时间，可以充分享受读书的乐趣。如果把它们当成补药来吃也行，剂量小，吃起来方便，消化起来也容易。

我们还有一个用意，就是想做一点文化积累的工作。把那些经过时间考验的、读者认同的著作，搜集到一起印刷出版，使之不至于泯没。有些书曾经畅销一时，但现在已经不容易得到；有些书当时或许没有引起很多人注意，但时间证明它们价值不菲。这两类书都需要挖掘出来，让它们重现光芒。科技类的图书偏重实用，一过时就不会有太多读者了，除了研究科技史的人还要用到之外。人文科学则不然，有许多书是常读常新的。然而，这套丛书也不都是旧书的重版，我们也想请一些著名的学者新写一些学术性和普及性兼备的小书，以满足读者日益增长的需求。

“大家小书”的开本不大，读者可以揣进衣兜里，随时随地掏出来读上几页。在路边等人的时候，在排队买戏票的时候，在车上、在公园里，都可以读。这样的读者多了，会为社会增添一些文化的色彩和学习的气氛，岂不是一件好事吗？

“大家小书”出版在即，出版社同志命我撰序说明原委。既然这套丛书标示书之小，序言当然也应以短小为宜。该说的都说了，就此搁笔吧。

为什么说杜甫是人民诗人?

1956年山东大学重审文科各系科学作业，中文系对萧涤非先生《杜甫研究》的评语如下：

《杜甫研究》是一部有创造性的作品。过去对杜甫的推崇，连篇累幅，真是不胜引征，但多附和雷同，模糊影响之谈。萧先生除了吸收融化一部分的正确意见外，一概刊落，独以今日的科学方法，进行全面的系统的研究，从而做出新的正确的评价。这种成就，显然是通过萧先生大量劳动的支出而才获得的。约而言之，有如下的优点：

一、娴熟杜诗于胸中，不但分析杜甫作品时，可以“呼之即出”，即叙述杜甫的时代、生活、思想时，也处处“有诗为证”，没有一句虚测或附会的话。

二、能基本掌握唯物主义的辩证方法，慎重而严正地肯定杜甫人格及作品的进步和伟大，同时也指出他的落后的一面，符合评价历史人物的要求。

三、语言简动，有说服的力量。

四、分析杜诗的艺术性，其难在于作者能将此中三昧，明白而正确地给读者指出，如杜诗形式对内容的适应性方面，及语言的精练、韵律的谨严方面，都对读者启发很大。(可能有人认为从今日研究杜甫的要求来看，分量或者多了一点，但杜诗的内容形式是一致的，懂了内容，也应该懂形式，如果不当行者说不出，当行者又语焉不详，作为杜甫研究的全面要求来说是不够的。)

这部作品的优点之所以成为优点，主要是由于萧先生能在杜甫作品中找出杜甫生活及其和人民生活的密切关系——这一重要环节，从而发现杜甫之所以成为一个伟大的现实主义诗人的原因；发现杜甫的诗之所以能使用人民的语言，能广泛深刻而又极真挚地反映人民的痛苦，反映人民和统治者之间的愈来愈尖锐的矛盾的原因。萧先生说："每当杜甫向人民靠拢和人民结合的时候，也就是他的诗篇大放光芒的时候；而每当他守在皇帝身边，写出来的作品，也就显得黯然无光。”《杜甫研究》这部作品的创造性，可以从萧先生这种总的观察上加以领会。

据说以上评语是黄眉云先生写的。《杜甫研究》出版后成为杜甫和唐诗研究领域一个里程碑式的著作。本书即是由《杜甫研究》上卷，并附录若干篇目编辑而成。图书策划人高立志（蒙木）先生提议改名《人民诗人杜甫》，我们觉得好，切合时宜，又不违背萧先生创作本意，就欣然接受了。

千百年来，后人基于唐代诗人杜甫对后世的积极影响，冠之不少美誉，如“诗圣”“情圣”。现当代以来，又称民族诗人、爱国诗人、伟大诗人、爱人民爱国家的诗人等等。1962 年，纪念作为世界文化名人的杜甫诞辰一二五〇周年，萧先生应臧克家先生之约，为《诗刊》写了《人民诗人杜甫》一文，当时《新华月报》全文转载，引起重视。但“人民诗人杜甫”这个称呼的发明权不在萧先生。在他之前，1953 年《少年文艺》11 月号就有著名学者提出过，但后来又自我否定了。大概是 20 世纪 50 年代末，诗人毛泽东尽管“不甚喜爱”杜诗，但在向外宾谈话时，仍实事求是地称杜甫“是中国古代最伟大的人民诗人”。这是有道理的。

萧先生虽然不是最先提出这个说法，但却是他一生潜心研究杜甫得出的认识，没有足够理由绝不推翻，所以几十年来始终如一坚持并多次阐明他的这个观点。他在《人民诗人杜甫》一文中说，“杜甫是我国历史上最同情人民的诗人之一”，“在人民被奴役的时代，却要做人民的代言人，诗人的身后萧条，自不在话下。”“不管穷达，都要兼善天下。”“他热爱劳动人民，也喜欢劳动，并甘心为广大人民的幸福牺牲自己。”“他的喜怒是从人民的利益出发，以人民的利益为转移的。”“自唐以来，他的诗即被公认为‘诗史’。”并引前人语“少陵有句皆忧国”，“于黎民，无刻不关其念”。文中“举杜以还杜”，具体分析了杜甫诗思想性的几个特点：第一，“穷年忧黎元，叹息肠内热”——对人民的无限同情；第二，“济时敢爱死，寂寞壮心惊”——对祖国的无比热爱；第三，“必若救疮痍，先应去蟊贼”——爱国爱民，对统治者的各种祸国殃民的罪行的憎恨。总之，“杜甫是一个有政治抱负的爱国爱民的诗人，同时也是一个具有乐观精神和顽强意志的诗人，尽管吃尽苦头，也从不悲观消极”。文末他动情地写道：“人民是不朽的，深切关怀人民的杜甫的诗篇，在人民心目中，也愈益光辉灿烂，万古长存!”五十七年过去了，先生所论依然新鲜有力，对于新时代读者懂得杜甫和他的诗不无启发作用，对于繁荣新时代先进文化不无现实意义。

范文澜先生说：“诗人对民众没有深切的同情心，是不会冒险作诗史的。”“白居易学杜甫，着重学杜甫为劳苦民众呼号的诗篇。”他指出：“任何文人都读过《孟子》‘庖有肥肉，野有饿莩’，到杜甫才化为‘朱门酒肉臭，路有冻死骨’的名句，在他以前没有一个诗人能造出这样的句子，只因为没有杜甫那样的抱负和意境。”所以，“杜甫，在唐朝是诗人第一，在古代所有诗人中也是第一。他的成功处，首先是在他有高尚的抱负”。“大抱负与穷困生活这个矛盾，是杜甫诗丰富内容的源泉。”“在家天下的封建国家里，君是国的代表人，忠君实际就是爱国。”（《中国通史》第四册，人民出版社 1978 年版，第 270—292 页）这是今人对苏轼、仇兆鳌观点的进一步发挥。反面的论述也有，如“杜甫非常关心土地，这是他的地主阶级本性所决定的”等，这种非历史唯物主义的看法，就很让人有点莫名其妙。

关于这桩老公案，我们曾在《萧涤非文选》（山东大学出版社 2006 年版）后记，继续做了阐释。照录如下，以供参考：

《人民诗人杜甫》一篇，把杜甫作为在历史中行动的人去考察，从而使一个一千多年前的唐代诗人转为现实的活生生的人，并把杜甫对现代历史发生的积极影响抽象为“人民诗人”。马克思、恩格斯指出：“其实，前期历史的‘使命’‘目的’‘萌芽’‘观念’等词所表示的东西，终究不过是从后期历史中得出的抽象，不过是从前期历史对后期历史发生的积极影响中得出的抽象。（着重号为引者所加，下同）”（《费尔巴哈》，《马克思恩格斯选集》第一卷，人民出版社1995年版，第88页）这就是说“人民诗人”或者说“古代的人民诗人”，也无非是今人对历史的一种抽象，无非是从先前历史上的杜甫对当代的积极影响中重加审视得出的抽象，是当代人对杜甫其人其诗所做出的本质的认识。正如“后人推崇杜甫为诗圣”一样，这“诗圣”就是宋人根据杜甫在宋代的积极影响而抽象出来的一种观念。即使我们今天有时沿用，也是赋予了新的时代内涵。先生说：“在旧时代，一个‘能知百姓苦中苦’的诗人，既然可称他为‘诗圣’，为什么就不可以用现代语言称为‘人民诗人’？”可见，这种历史抽象，是历史发展的必然结果。它既不是什么人能够否定得了的，那还需要什么人批准吗？诗人毛泽东向苏联汉学家费德林介绍杜甫说：“他是中国古代最伟大的人民诗人。他的作品是中国后代人艺术欣赏的不朽文献。杜甫的诗，代表中国人民天才的独特风格，也是给全人类留下的优秀文学遗产。”（转引自张贻玖：《毛泽东和诗》，中央文献出版社1998年版，第34页）应当说，这个评价是客观公允的，因为人民诗人这个评价就是从杜甫对现当代产生的积极影响中得出的抽象。这既是今人心目中的杜甫形象，也符合历史上杜甫的本来面目。作为一代革命领袖，毛泽东曾有“武王领导的当时的人民解放战争”（《别了，司徒雷登》）的提法。如果说在封建社会根本就不可能有人民诗人，那么怎么会有“当时的人民解放战争”这一当代人对历史的抽象呢？历史是公道的，必然的东西归根到底会表明自己也是合理的，用不着我们去为杜甫争取“人民诗人”这顶“桂冠”！恩格斯说：“要从费尔巴哈的抽象的人转到现实的活生生的人，就必须把这些人作为在历史中行动的人去考察。”（《路德维希·费尔巴哈和德国古典哲学的终结》，《马克思恩格斯选集》第四卷，人民出版社1995年版，第241页）萧先生正是这样去考察的。

杜甫诗就是最好的自证。证明杜甫是最有资格称为人民诗人的。沿着萧先生的思路，我们以为至少有这几个方面：一是家国情怀。“谁能叩君门，下令减征赋”“忧国愿年丰”“致君尧舜上，再使风俗淳”“不眠忧战伐，无力正乾坤”“国步犹艰难，兵革未休息”“必若救疮痍，先应去蟊贼”“富家厨肉臭，战地骸骨白”“勿为新婚念，努力事戎行”“再光中兴业，一洗苍生忧”“安得务农息战斗，普天无吏横索钱”等等。二是人道主义。“堂前扑枣任西邻，无食无儿一妇人”“高秋总馈贫人食，来岁还舒满眼花”“哀哀寡妇诛求尽，恸哭秋原何处村”“二十一家同入蜀，惟残一人出骆谷”“永痛长病母，五年委沟谿。生我不得力，终身两酸嘶”“我能剖心血，饮啄慰孤愁”“老妻寄异县，十口隔风雪。孰能久不顾，庶往共饥渴”“入门闻号咷，幼子饿已卒。所愧为人父，无食致夭折”等。三是奋斗精神。“吾道属艰难”“济时敢爱死，寂寞壮心惊”“已忍伶俜十年事，强移栖息一枝安”“语不惊人死不休”“右臂偏枯半耳聋”“悠悠伏枕左书空”等等。他托孤的绝笔《风疾舟中伏枕书怀》更是感人至深。不胜枚举。这些，读者自可从本书中发现更多，得到更系统、更明确的解说。兹不赘言。

萧先生《重谒邙山少陵墓》诗云：“忧国忧民不自忧，东西南北苦漂流。”可谓对人民诗人杜甫一生的概括。也因此，他曾在《满江红·心声》发愿：“誓都将心血付‘村夫’，杜陵集。”（中宣部原副部长李从军题签《二十世纪的杜甫·有是斋诗草》，华艺出版社2006年版）

本书这次出版，承蒙北京出版社大力支持和帮助，特别是高立志先生提供了许多宝贵的意见，各界朋友、家中兄嫂时念于心，谨在此深致我们由衷的感谢与敬意。不妥之处，敬请广大读者朋友不吝指正。

萧光乾　萧海川

2019年4月10日

于济南山大中心校区宿舍萧涤非旧居

今年今月是先人萧涤非先生逝世二十八周年、黄兼芬老师逝世近三十周年。唯此为奠！

目　录

关于人民诗人问题（代前言）

我总觉得，并曾对朋友们说过，在我国文学史上，欠劳动人民的血汗债最少，而为劳动人民说的话却最多的诗人，不能不推杜甫。正是基于这一客观事实，1962 年我曾为《诗刊》撰写了一篇以《人民诗人杜甫》为题的纪念性文章。不料十年后竟招致了郭老（指郭沫若，下同）的诘责。我个人的看法和主张，虽然并没有因此而有所动摇，但在对待这个问题的态度上却有了改变。那就是绝不去为杜甫争取“人民诗人”这顶“桂冠”。因为我认为这种争取的任何努力，都会使杜甫感到脸红。你看，他为人民说话，是说得那样如从肺腑中流出，毫无私心杂念，哪里会计较什么“桂冠”？正因为我抱着这样的态度，所以当人民文学出版社的编辑同志把作为《杜甫诗选注》的代前言的那篇《人民诗人杜甫》削去“人民”二字改题为《诗人杜甫》时，尽管事先未通个气，我还是同意的。而且觉得这样处理很好、很策略，既无损于文章内容和对杜甫的实际评价，又可避免在无关大体的头衔问题上的顶牛。但这样也带来了一个问题，比如把这篇文章收入《杜甫研究》（修订本）这个集子时，是用自己同意了的《诗人杜甫》为题，还是恢复原来的题目《人民诗人杜甫》？考虑的结果，我采用了后者。但不过是想保存历史真相，还它个本来面目，在杜甫研究的道路上留下自己一个脚印，并无争取“桂冠”之意。同时，为了使批评者的言论不至流于无的放矢，我也应该留下这个靶子作为对立面。文责自负嘛。关于杜甫是不是“人民诗人”的问题，目前仍有争论，有同志认为杜甫可以“当之无愧”，但也有同志反对，并断言在封建社会根本就不可能有人民诗人。我想，随着科学文化的日益普及和提高，广大人民将做出他们自己的判断。

要贬低杜甫，首先就得把“诗圣”和“人民诗人”这两顶新旧“桂冠”从杜甫头上摘下来。郭老正是从这里入手的。郭老说：“以前的专家们是称杜甫为‘诗圣’，近时的专家们是称为‘人民诗人’。被称为‘诗圣’时，人民没有过问；被称为‘人民诗人’时，人民恐怕就要追问个所以然了。”（郭老《李白与杜甫》大字本，第196页）关于“诗圣”这一称号，据个人所见，从南宋时便已有了。郭老说“人民没有过问”，不，人民是过问了的，而且是批准了的。陕南流传这样一首民歌：“唐朝诗圣有杜甫，能知百姓苦中苦。诗歌作了千万卷，不流千年存万古。”（见《中国歌谣》第二集）这难道不是事实吗？不仅得到人民的批准，而且还得到老一辈无产阶级革命家的批准。1957年3月28日，我们敬爱的朱德委员长为成都杜甫草堂书写了这样一副对联：“草堂留后世，诗圣著千秋。”1964年3月，吴玉章同志在《重游杜甫草堂》诗中更进一步指明其原因：“艺为人民方有用，诗称圣哲岂无因。”

在旧时代，一个“能知百姓苦中苦”的诗人，既然可称他为“诗圣”，为什么就不可以用现代的语言称为“人民诗人”？我要声明，我不是第一个更不是唯一的一个称杜甫为人民诗人的。别的同志根据什么，我不知道，就我个人来说，却也并非闭着眼睛瞎捧。已经是半个世纪以前的事，那时我还在清华大学念书，我搞过一本《历代风诗选》，将《诗经》以下直到清末凡是反映社会现实、人民疾苦的诗做了一番检查。事实告诉我：反映得最为广泛、最为深刻、最为真挚，而且是至老不衰、至死不变，在历史上也是最有进步意义的，不能不推杜甫为首屈一指。这就是我称杜甫为人民诗人的根据（单凭这一点，是否就够格，大家可以讨论）。

我们知道，屈原也曾被称为“人民诗人”，郭老并不曾表示异议，为什么对杜甫却大不以为然，还要代表人民追问个所以然呢？坦率地说，人民的追问，我一个也没有接到；为杜甫抱不平的函件我倒是收到不少。值得惊异的是郭老自己也曾一而再地称杜甫为“诗圣”，如为草堂撰写的并经我国人民邮政制成图案印在纪念邮票上的那副楹联就有“诗中圣哲”的话，为成都川剧学校的题诗也有“诗圣至今剩草堂”之句，现在却来了个一百八十度的大转弯，书既无“前言”，又无“后记”，也没有另做任何说明，未免令人感到遗憾和纳闷。

我说这些话，并没有要为杜甫争取“诗圣”或“人民诗人”的“桂冠”的意图。我倒是觉得取消得好。因为这不符合杜甫的原意，他写出这些诗并不是为了要猎取这类“桂冠”。给他戴上这类“桂冠”，他将会感到不自在、不自然。尽管他对自己的诗很自负，但也非常自谦。他推李白为“无敌”，称高适为“独步”，比高适、李白为“乘黄”而自居于“凡马”。一直到晚年，他还在责怪自己的诗写得不好：“病减诗仍拙”，毫无掩饰。这就是说，杜甫从不曾以“诗圣”自居，“诗圣”或“人民诗人”的桂冠戴得合不合适，这自是后人的事情，不该讥及诗人本人。

2019 年 4 月 12 日

（据萧涤非先生《〈杜甫研究〉再版前言》

和《关于〈李白与杜甫〉》原文节录）

一、杜甫的时代

应该这样说：杜甫的存在，是值得我们自豪的。因为，他是一个伟大的现实主义诗人，同时还是一个伟大的人道主义者和爱国主义者。对于自己的祖国和劳动人民，他有着由衷的深厚的爱。

但是，杜甫之所以能够成为这样一个值得我们骄傲的诗人，却并不是简单的、偶然的，而是有他的主观上和客观上一系列的条件。在这些条件中，首先就跟他所处的时代环境有关。

我们知道，一个伟大的作家，不仅是他那个时代的镜子，而且首先是他那个时代的儿子。他反映了他所生活着的那个时代，乃是由于为他所生活着的那个时代所孕育、培养。因为任何一个作家，都不可能超然于时代之外，都不可能不是社会的一员，而时代现实虽然是客观存在，但这个客观存在，却并不是一个消极的东西，它对于一个作家的生活方式、思想意识和创作道路等，都有着巨大的影响，起着决定性的作用。特别是当那社会矛盾极端尖锐、复杂的混乱时代——也就是统治阶级罪恶昭彰，人民灾难深重，民族危机深化的时代——这种影响和作用就更来得显著。因为这种时代，往往就是人民力量充分显露出来的时代。它可以促使一个有正义感、有良心的作家为人民的利益，为祖国的生存而斗争。

杜甫所处的时代，便正是这样一个时代。杜甫的伟大，便正是由于这样的历史时代的力量——人民的力量产生的。

鲁迅先生教导我们说："我以为倘要论文，最好是顾及全篇，并且顾及作者的全人，以及其他所处的社会状态，这才较为确凿。要不然，是很容易近乎说梦的。"（《且介亭杂文二集·题未定草》）这是对我们研究古典作家的人一个极可宝贵的指示。为了使我们关于杜甫诗的论述，不致陷于"近乎说梦"，我们首先扼要地叙述一下杜甫所处的那个时代的社会状态，并说明一下它对杜甫的影响，自然是完全必要的。

杜甫生于唐玄宗先天元年（712年，即开元前一年）。死于唐代宗大历五年（770），一共活了五十九岁。在他生活着的五十九年间，大唐帝国的政治、经济、军事、文化，都起了急转直下的剧烈变化。作为这一剧烈变化的转折点的，是天宝十四载（755）的安史之乱。因此，关于杜甫的时代，我们可以很自然地分为前后两个时期来叙述。

（一）前期——安史之乱以前

（712—755）

从712年到755年的四十四年为前期。这是大唐帝国的昌盛时期，也是中国封建社会历史上的太平时期。由于均田制度，这一缓和农民阶级和地主阶级之间的矛盾的主要手段的继续实行，禁止买卖世业及口分田（见《新唐书》卷五十一，《册府元龟》卷四九五开元二十三年诏），多少限制了无限制的土地兼并；由于建立在均田制度之上的府兵制度还依然存在，有足够的来自劳动人民的兵源；当然也由于统治者唐玄宗初期的努力，比较能注意农业生产（如兴修水利、设置劝农判官），生活比较俭约，所用姚崇、宋璟、张九龄一般人也比较正派，因而大唐帝国在这一时期，无论是政治、经济、军事、文化，各方面都有了空前的发展，特别是开元的二三十年间。这些情况，我们可以不必引证史传，在杜甫诗中就可以找到鲜明的反映。关于政治经济方面的如《忆昔》诗：

忆昔开元全盛日，小邑犹藏万家室。

稻米流脂粟米白，公私仓廪俱丰实。
九州道路无豺虎，远行不劳吉日出。
齐纨鲁缟车班班，男耕女桑不相失。
宫中圣人奏云门，天下朋友皆胶漆。
百余年间未灾变，叔孙礼乐萧何律……

从这里我们可以看出当时经济的繁荣、人口的增殖和社会秩序的安定。尽管这些诗句不无夸张，但大体上还是属实的。《资治通鉴》说："开元二十八年，西京、东都米斛直钱不满二百，绢匹亦如之。海内富安，行者虽万里，不持寸兵。"（卷二百十四）又说："天宝十二载，是时中国强盛，自安远门西，尽唐境万二千里，闾阎相望，桑麻翳野，天下称富庶者，无如陇右。"（卷二百十六）同卷又载天宝十三载的人口，共五千二百八十八万四百八十人，为唐代人口的最高纪录。白居易的《新丰折臂翁》也说："生逢圣代无征战，惯听梨园歌管声，不识旗枪与弓箭。"这都是杜甫诗的注脚。《忆昔》外，杜诗中提到开元的还很多，如"历历开元事，分明在眼前。""安得更似开元中，道路即今多拥隔。"

至于当时的武功，也正如杜甫诗所云："猛将收西域，长戟破林胡。"（《遣怀》）"先锋百胜在，略地两隅空。青海无传箭

（没有寇警），天山早挂弓。”（《投赠哥舒翰》）“崆峒使节上青霄，河陇降王款圣朝。”（《赠田九判官梁丘》）杜甫是反侵略的，所以这类话只见于他的带有求援性质的投赠诗，但也反映了那时对外扩张的客观实际。

由于社会经济的繁荣，封建秩序的稳定，这时的艺术也非常发达。单据杜甫诗中所提到的，就有画家：吴道子、曹霸、韩幹、郑虔、祁岳、王维、薛稷、王宰、毕宏、韦偃等，书家：张旭、李邕、贺知章、顾诫奢、李潮等，舞蹈家公孙大娘和李十二娘，歌手李龟年和杨氏。至于文学，特别是诗歌，就更形发达。作家更多。这也有它的特殊条件：一则当时科举，以诗赋取士，作诗成为一种政治资本，因此大家都努力作诗；再则唐玄宗本人又是个音乐、诗歌、书画的爱好者，尽管是从不同的角度出发，但他对于李白、杜甫这样两位大诗人的才华，还是能另眼看待的；三则诗歌（主要是绝句）又和音乐打成一片，活在歌者的口头上，有它的广泛的社会市场，诗人受到社会的普遍尊重；因而就形成了后来所艳称的“盛唐”。

在这前期，艺术家和诗人们的生活，除了极少数如我们的诗人杜甫曾经吃过一段苦头以外，一般都是很惬意的。在他们那种浪漫的生活中，也具有民主解放的精神。这也只要看看杜甫的诗就可以知道。如《饮中八仙歌》：“长安市上酒家眠，天子呼来不上船，自称臣是酒中仙”，这是“诗仙”李白；“脱帽露顶王公前，挥毫落纸如云烟”，这是“草圣”张旭。又如《丹青引》：“开元之中常引见，承恩数上南薰殿”，这是画家曹霸。又如《八哀诗》：“干谒走其门，碑版照四裔”，这是文豪兼书家李邕。杜甫自己呢，最初是过着“读书破万卷”的学习生活，接着又开始了一个为时十年以上的“裘马颇清狂”的游历，尽管这时进士没有考取，长安十年，更是苦得要命，但也毕竟凭了他的文章（三大礼赋），得到了唐玄宗的“赏识”，大大地露了一次头角。他在诗中常常提到这件事，如《赠集贤院崔、于二学士》云：“气冲星象表，词感帝王尊。”又如《壮游》云：“曳裾置醴地，奏赋入明光。天子废食召，群公会轩裳。”至如《莫相疑行》：“忆献三赋蓬莱宫，自怪一日声辉赫。集贤学士如堵墙，观我落笔中书堂。”则更可想见他当时得意的情形。

我们不能以我们现在的看法来代替古人的看法，无可怀疑，像这样四十多年的一个长期的太平景象，从出身统治集团的封建时代的诗人看来，从杜甫看来，是值得留恋的。这可以从他的“三叹酒食旁，何由似平昔”一类诗句得到证明。而且事实上，在中国长期的封建社会史上也不能不说是一个“太平盛世”。

可是，由于所有这一切盛况，都是建立在压迫和剥削的基础之上，是和衰败、腐朽同时并存的，而这种衰败和腐朽，在天宝年间又已日趋严重，所以当那“渔阳鼙鼓动地来”的时候，便霎时间化为一场幻梦，整个社会状态都变了。时代转入到后期。

（二）后期——安史之乱以后

（755—770）

后期，包括从755年11月安史之乱起，到770年杜甫之死为止的十五年间。这是大唐帝国由繁盛走向衰败，由强大走向削弱，由统一走向割据的时代，是阶级矛盾、民族矛盾和统治阶级内部矛盾同时爆发，而以民族矛盾为其主要矛盾的时代，同时也是人民灾难深重、民族危机深化的时代。李白大呼：“洛阳为易水，嵩岳是燕山。俗变羌胡语，人多沙塞颜。”（《古风第十九》）刘长卿也大喊：“渭水嘶胡马，秦山泣汉兵。”（《至德三年春正月闻王师收二京》）杜甫则更直言“国破”（《春望》），大骂“胡雏负恩泽”（《中夜》）。

乱子，自然不会没有原因。杜甫曾经深刻地指出，这就是统治阶级的残酷剥削和剧烈的土地兼并：

朱门酒肉臭，路有冻死骨。

荣枯咫尺异，惆怅难再述。(《赴奉先咏怀》)

这就是统治阶级的奢侈浪费：

国马竭粟豆，官鸡输稻粱。

举隅见烦费，引古惜兴亡。(《壮游》)

“国马”包括舞马、立仗马等，当时马料也有品级。“官鸡”指斗鸡。玄宗好斗鸡，当时有“生儿不用识文字，斗鸡走马胜读书”的谣谚（《东城老父传》）。此外，这就是统治阶级的穷兵黩武：

先帝（玄宗）正好武，寰海未凋枯……

百万攻一城，献捷不云输……

拓境功未已，元和辞大炉。(《遣怀》)

正是由于以上这些原因，造成了均田制的崩溃和府兵制的解体，动摇了大唐帝国的经济基础。所有这些构成大乱的根源，杜甫当时在《兵车行》《丽人行》等诗中都分别做了揭发，而写于大乱前夕的《赴奉先咏怀》更以“忧端齐终南”的沉重心情暗示大乱的无可避免和即将到来。然而，变化竟来得这样快，这样大，那也是杜甫料想不到的。

在这后期，一切都变了。政治、经济、军事、文化各方面都变了。关于这些变化，我们也可以从杜诗看到全面的、真实的图画。

在这一时期里，统治者已失去了他的尊严。当755年11月安禄山率领着大部分由同罗、奚、契丹和室韦等胡人组成的十五万大军南下时，不过一个月光景，东京（洛阳）沦陷了，不过半年光景，首都（长安）也沦陷了。这时唐玄宗怎样呢？杜甫写道：“须为下殿走，不可好楼居”（《收京》），“河朔风尘起，岷山行幸长”（《壮游》），所谓“五十年太平天子”不得不溜到四川去。杨贵妃又怎样呢？“明眸皓齿今何在，血污游魂归不得”（《哀江头》），所谓“昭阳殿里第一人”竟做了吊死鬼。其他王孙、妃嫔，则是“是时妃嫔戮，连为粪土丛”（《往在》），“可怜王孙泣路隅”（《哀王孙》）。长安呢？“中宵焚九庙，云汉为之红”（《往在》），洛阳呢？“洛阳宫殿化为烽”（《诸将》）。

在这一时期里，大唐帝国的封建统治，垮台了。国家的统一，破坏了。自唐初太宗李世民被边疆民族共推为“天可汗”

的优越地位，也一落千丈。统治者李亨（肃宗）为了换取回纥的援救来维持他的统治，不惜出卖人民，和回纥约定："克城之日，土地士庶归唐，金帛子女皆归回纥。"（《资治通鉴》卷二百二十）并且不惜出卖自己的女儿，采取可耻的和亲的外交政策，把宁国公主嫁给回纥，结果只落得个"闻道花门（即回纥）破，和亲事却非"（《即事》）。农民们的庄稼，遭到回纥的践踏："田家最恐惧，麦倒桑枝折。"（《留花门》）唐王朝的官吏，受到回纥的鞭挞："莫令鞭血地，再湿汉臣衣。"（《遣愤》）在百般屈辱的情况下，长安洛阳，总算是恢复了。直到 763 年，经过七年又三个月的安史之乱，才算告一结束。然而，紧接着就在 763 年的 10 月，吐蕃又打进了长安，焚掠十五日，李豫（代宗）逃到陕州。"前者厌羯胡，后来遭犬戎"（《往在》），首都一再沦陷，天子一再亡命，回想起"河陇降王款圣朝"的局面，就难怪我们的诗人要大叫："犬戎直来坐御床"（《忆昔》），"犬戎也复临咸京"（《释闷》）了。

在这一时期里，艺术当然也受到摧残，《历代名画记》："时图画皆归于天府，禄山之乱，耗散颇多，肃宗不甚保持，颁之贵戚，贵戚不好。"（卷一）艺术家和文学家也都过着颠沛流离的生活，正如杜甫所说："自胡之反持干戈，天下学士亦奔波。"（《寄柏学士林居》）李龟年流落江南（见《江南逢李龟年》)，曹霸漂泊西蜀（见《丹青引》)，杜甫自己呢？更是历尽千辛万苦，九死一生，有时也不免慨叹于个人的身世：“往时文采动人主，今日饥寒趋路旁！”(《莫相疑行》)

然而，值得我们特别提出的乃是这一时期的人民生活。马克思说：“只须一次破坏战争，就使国家在数百年内杳无人烟。”(《马克思恩格斯论中国》) 安史之乱便正是这样一次破坏性的战争。当时的生产，遭到普遍的彻底的破坏，杜甫告诉我们：“寂寞天宝后，园庐但蒿藜！”(《无家别》) 当时的人口数量，也大大地减少，据官方记录，不过五六年，便由五千万落到一千六百多万。所以杜甫说“十年杀气盛，六合人烟稀”(《北风》)，“萧条四海内，人少豺虎多”(《别唐十五》)。有些地区则是：“千家今有百家存。”(《白帝》) 封建统治者是不会关心人民的死活的，当时的拉夫，从儿童一直拉到老太婆（《石壕吏》《新安吏》)。当时的剥削，竟达到“一物官尽取”(《枯棕》) 和“征戍诛求寡妻哭”(《虎牙行》) 的地步。人民不但受外族侵略者的蹂躏，同时还受到官军的屠杀，“闻道杀人汉水上，妇女多在官军中”(《三绝句》)。总之，在这十五年中，人民的灾难，是一言难尽的，到处在流血，到处是哭声，一直到诗人杜甫停止了他的呼吸。

以上，便是杜甫生活着的五十九年间前后两个截然不同的时代环境的一般情况。

（三）时代对杜甫的影响

现在我们再来谈一谈这两个不同的时代环境对杜甫所发生的影响。无可怀疑，后一期的巨大变动，对杜甫能够成为一个伟大的现实主义诗人有着决定性的作用。但是前一期的繁盛局面对他也并不是就毫无影响。这约有以下几点：

第一，丰富了他的文艺修养。在前一时期，由于社会的安定和艺术气氛的浓厚，杜甫不仅有可能过着“读书破万卷”的生活，而且也有机会接触到其他许多杰出的艺术家及其作品。他有不少描写绘画的诗，特别是咏画马的诗，那气魄、那风格，显然受到画的艺术影响。此外，他还结交了不少大诗人如李白、高适、岑参等，并和他们讨论文章，杜甫自己也曾说到这点：“脱略小时辈，结交皆老苍。”（《壮游》）这些对杜甫的艺术修养都有帮助。

第二，培养了他的豪迈壮阔的磅礴气魄。杜甫当天宝末年，生活虽很困苦，但由于整个国家民族大体上还是完好的，所以即使是哭穷之作，仍然有一种壮气，一种高昂的英雄气概，例如：“但觉高歌有鬼神，焉知饿死填沟壑！”（《醉时歌》）这一股子壮气，到了后期，由于几乎是出乎意料的残酷的客观现实的高压，便形成了他的独特的“沉雄勃郁”的风格。“沉”而不是“阴沉”，“郁”而不是“悒郁”。正是这一特定的时代脉搏的反映。

第三，建立了他的民族自尊心和自信心。杜甫由于亲眼看见祖国民族的强盛，所以后来虽久经大乱，但始终相信自己的祖国民族绝不会因此灭亡，并无失败情绪和悲观色彩。他肯定地说：“神尧（唐高祖）旧天下，会见出腥臊！”（《避地》）

第四，加强了他对于封建君主、封建朝廷的信赖观念。这当然不是什么好的影响，但也是我们研究杜甫诗的人所应当理解到的。杜甫还不可能完全正确地认识历史是劳动人民创造的，在他看来，那四十几年的“太平盛世”，乃是皇帝和他的几位贤臣创造的。所以，他自始至终地把一切希望都寄托在封建朝廷身上，一再地说到“周宣中兴望我皇”和“安危须仗出群才”一类的话。他最初希望李亨（肃宗）能做个中兴主，后来又以此希望李亨的儿子李豫（代宗）；同时希望大臣们都能像张九龄、王思礼、李光弼等，所以写了《八哀诗》。杜甫这种思想意识的特别强烈，也是和他所处的这一特定的时代——社会状态有关的。

但是，最后决定杜甫的伟大的业绩的乃是后一期的客观现实。在前期，由于剥削比较轻，人民生活比较好，社会比较安定，阶级矛盾比较和缓，即当天宝末年，这矛盾也还是刚才表面化、严重化，因而杜甫在这时也只写下了几首不多的可以称为现实主义的诗，如《兵车行》《丽人行》《赴奉先咏怀》等。

安史之乱以后，正如上面说过的，一切都变了，在阶级矛盾的基础上爆发了民族矛盾，民族矛盾并上升为当时的主要矛盾。这样，就使杜甫不但看到统治阶级的残酷，同时还看到外族侵略者的屠杀；不但看到人民的各式各样的灾难，看到整个祖国民族“一发千钧”的危机，同时也看到广大人民为保卫祖国而进行的英勇斗争和牺牲精神。这种巨大的社会变动，这种有关国家存亡的生死斗争，这种血淋淋的、活生生的人民形象的真实教育，不仅提供了杜甫诗以新的伟大的主题——人民生活的主题，而且在很大的程度上提高了他对现实的认识，加深了他对统治者和外族侵略者的仇恨，从而也就增加了他对祖国、对人民的热爱，使他的诗篇具有高度的现实主义精神和无比的鲜明而丰富的人民性。正由于这时社会的主要矛盾是民族矛盾，所以这时杜甫创作的主要特征也就是爱国精神。由“非战”到“主战”，由反对侵略外族到反对外族侵略。

列宁说：“我们的感觉、我们的意识，不过是外在世界底映象，并且，不言而喻，没有被反映者，反映就不能存在，而被反映者是不依赖于反映者而存在的。”（《唯物论与经验批判论》，第93页）毛主席说：“马克思主义的一个基本观点，就是存在决定意识，就是阶级斗争和民族斗争的客观现实决定我们的思想感情。”（《毛泽东选集》第三卷，第853—854页）从这些话中，我们可以体会到时代社会对于一个作家的决定性的作用。

我们知道，直接参加并经常站在阶级斗争和民族斗争的前哨的，是广大的人民群众。因此，在谈论到时代给予杜甫巨大影响的同时，我们还必须进一步指出：所谓时代的影响，主要的也就是人民的影响。杜甫的伟大，既不是“从天而降”，也不是由于他个人主观愿望的“自我扩张”，而是来自客观现实，来自人民。他那种具有永久艺术价值的现实主义精神和人民因素的作品，乃是——正如高尔基论俄国古典文学所说的“是在人民默默无声的帮助下”创造出来的。

我们可以这样说：人民的血泪，灌溉了杜甫诗的园地，人民的各种优良品质，改造了（客观地说）杜甫的思想感情，人民的巨大的斗争力量，转变了杜甫诗的倾向。

总之，杜甫之所以为杜甫，是有其深刻的社会历史的原因的。特别是安史之乱以后这一历史时期。元文学家方回评杜甫《岁暮》诗云：“明皇、妃子之酣淫，林甫、国忠之狡贼，养成渔阳之变，史思明继之，回纥掎之，吐蕃踵之，四方藩镇不臣，盗贼蜂起，老杜卒于大历五年庚戌（770），自天宝十四年乙未（755）始乱，流离凡十六年。唐中叶衰矣，却只成就得老杜一部诗也。不知终始不乱，老杜得时行道如姚、宋，此一部杜诗不过如其祖审言，能雅歌咏治象耳，不过皆《何将军山林》《李监宅》等诗耳。宁有如今一部诗乎？然则亦可发一慨也。”（《瀛奎律髓》卷二十九）这段话倒很能说明时代环境对一个作家的巨大影响。

也许有人要问：安史之乱，既然是独立存在的客观现实，那么为什么在同一的客观现实中，人民单单帮助了杜甫而没有帮助其他的诗人？要回答这一问题，那就和杜甫自己的生活实践、思想意识有关了。而这，也就是我们在下面要次第叙述的。

二、杜甫的生活

世人共卤莽，

吾道属艰难！

杜甫：《空囊》

这两句诗，是杜甫的自白。相当概括地说明了他一生的生活状况，同时也说明了他那光明磊落、顽强不屈的生活态度。

杜甫的一生，的确是艰难的一生。还在安史之乱十年以前，也就是从他三十五岁时起，直到他死，穷困、屈辱、饥饿、逃难、冻馁、疾病、死亡……便一直缠绕着他。然而，这种“艰难苦恨”的生活，却正是促成杜甫走向人民、熟悉人民生活，接受“人民的默默无声的帮助”的有利条件。同时也是杜甫所以能够超越当时所有的诗人而成为一个历史上伟大的人民诗人的根本关键。

创作是不能脱离生活而凭空创造的。鲁迅先生说：“作者写出创作来，对于其中的事情，虽然不必经历过，最好是经历过。我所谓经历，是所遇所见所闻，并不一定是所作。但所作自然也可以包含在里面。天才们无论怎样说大话，归根结蒂，还是不能凭空创造。”（《且介亭杂文二集：“丰收”序》）杜甫的创作过程便是这段话的最好的例证。事情是这样明显：假如杜甫还依然在长安做左拾遗，依然在皇帝的左右，没有由洛阳回华州的那段深入民间的经历，那他就绝不可能写出“三吏”“三别”那样的作品。即使他有着“读书破万卷，下笔如有神”的惊人的天才学力，也是不能“凭空创造”的。

当然，“艰难”只是杜甫生活的一方面、一部分，然而却是最主要的最可宝贵的一面，最有积极作用和进步意义的一部分。因为正是通过这种艰难生活——正确的历史的说法也就是人民生活——杜甫才接触了人民，看见了人民，和人民发生了亲密关系；正是通过这种艰难生活，杜甫才认识了人民的高尚品质，了解了人民的思想感情，同情了人民的难以想象的痛苦，并用自己的血泪写出了人民的酸辛。鲁迅先生说得好：“煤油大王哪会知道北京捡煤渣老婆子身受的酸辛”（《二心集·硬译与文学的阶级性》），而杜甫能够知道人民身受的酸辛，就正因为他有着长时期的各式各样的艰难生活的经历，在生活上突破了他所属阶级的阶级局限。因此，在叙述杜甫的生活这一章中，我们将特别注重这一部分。

现在，我们先说一说杜甫的阶级出身。这和他的艰难生活有着一定的联系。

杜甫，字子美，唐玄宗先天元年（712）生于河南巩县的南瑶湾村。（村现属城关公社。村中有笔架山，为嵩山余脉，甚奇特。三峰平列作“山”字形，宛如笔架。山为黄土质，其向人一面，壁立如削，光滑不生寸草。左起第一峰下有窑洞一孔，即杜甫诞生处。）十三世祖杜预是西晋时名将，精通《左传》。他的文治武功，对杜甫的政治抱负和政治热情起着一种示范和鼓舞作用。曾祖依艺，为巩县令。祖父审言，武则天时为膳部员外郎，是当时有名的诗人。所以杜甫说：“吾祖诗冠古”（《赠蜀僧闾丘》），又说：“诗是吾家事”（《宗武生日》），在《万年县君墓志》中也说：“天下之人，谓之才子。”父闲，为兖州司马，终奉天（陕西乾县）县令。可见杜甫的出身，是一个有着小官僚传统和文学传统的小地主家庭。所以他一方面说“自先君恕、预以降，奉儒守官，未坠素业”（《进雕赋表》），一方面又有“少小多病，贫穷好学”（《进封西岳赋表》）的话。所谓“贫穷”，自然是对大官僚大地主而言的。

因此，从当时阶级关系来说，杜甫属于中间阶层，既不是大地主，也不是农民阶级。从当时政治阵营来说，则属于进士集团。这个中间阶层以及代表这个中间阶层的政治要求的进士集团，对当时的贵族地主和世族地主来说，乃是一个新兴的力量，它并不是一个彻头彻尾和人民绝缘的反动阶级，而是有它的落后的和进步的两面性。一方面他们拥护皇帝，另一方面却也要求皇帝能够成为一个好皇帝；一方面他们拥护封建剥削制度，拥护官僚政治制度，另一方面却也反对过分的剥削，反对贪官污吏；一方面他们也想爬上政治舞台，成为一个人民的统治者，但另一方面，由于物质生活条件比较接近人民，在某种程度上也受到大地主的压迫，也得承担一部分赋税，因而对人民也有着一定程度上的同情。杜甫便是这一中间阶层的典型的代表人物。这种两面性，有时同时出现在他的一首诗中，如《赴奉先咏怀》，一方面他热爱人民，所谓“穷年忧黎元，叹息肠内热”；另一方面他又拥戴皇帝，所谓“葵藿倾太阳，物性固莫夺”。就正是他的阶级意识、阶级性格的反映。

两面性的本身便是一个矛盾。皇帝是人民的死对头，拥戴皇帝和热爱人民是很难统一的。你要统一也统一不起来。因为皇帝需要的是帮凶，不肯做皇帝的帮凶，那就只有走向人民。杜甫的伟大，就在于在这一矛盾斗争中，热爱人民的进步的一面能够逐渐扩大，占着主导的地位，这就促使他一步步离开皇帝，一步步走向人民。然而这也就规定了杜甫的一生只能是一个悲剧，只能是过着艰难困苦的日子。关于这一点，杜甫自己似已觉察到，所以说“吾道属艰难”。这也就是说，艰难是我的本分，是理所当然的。

杜甫的一生，是和他所处的那个时代的社会状况，人民的命运，紧密地关联着的。他的五十九年的生命，随着时代的变动，可以很自然地分为四个时期来叙述。

（一）读书游历时期

（712—746）

这一期是从杜甫诞生到三十五岁。正如我们在前一章所指出的，这是大唐帝国最昌盛的时期，在杜甫个人生活史上也是最为快意的时期。这期生活主要的内容是读书和游历，这两种生活对他后来的艺术成就都很有关。

杜甫有不少自传式的诗，根据这些诗，我们可以知道他的童年生活的一些片段。最早的记录是开元五年（717）他六岁时在偃师县曾看到公孙大娘舞剑器浑脱的绝技。五十年后，他还能记忆犹新地写成那首《观公孙大娘弟子舞剑器行》的诗，使人想见当时这位小诗人的神往。这是一种充满紧张和战斗气氛的双剑舞蹈，在杜甫的童年生活中显然是有良好的教育作用的。杜甫的创作生活，开始于七岁那年，《壮游》诗：

> 七龄思即壮，开口咏凤凰。
> 九龄书大字，有作成一囊。

到十四五岁，他已是一个使当时文坛老宿惊叹并为他们所欢迎的青年作家了，《壮游》诗说：

> 往昔十四五，出游翰墨场。
> 斯文崔（尚）魏（启心）徒，以我似班（固）扬（雄）。

杜甫所以获得这样的成就，是和他的认真阅读分不开的。他尝自谓“读书破万卷，下笔如有神”（《奉赠韦左丞丈》）。什么是“破”？这就是用心钻研。他又说“群书万卷常暗诵”（《可叹》），这话本是称美王季友的，其实是杜甫的“夫子自道”。可见多读熟读，确是作为一个作家的重要条件之一。

由于文学上的成就，杜甫就在“出游翰墨场”的同时，获得多次的机会，在岐王李范和殿中监崔涤的邸宅听到当时“歌王”李龟年的歌唱。文学艺术，原是通家，对杜甫创作也一定有影响，这从四十几年后所作《江南逢李龟年》一诗可以看出。

但是，愉快而认真地阅读和写作，只是杜甫童年生活的一面，如果就此认为他是一个“少年老成”或“弱不禁风”的书呆子，那就大错了。因为他还有他另一面的室外活动，我们且看《百忧集行》：

忆年十五心尚孩，健如黄犊走复来。

庭前八月梨枣熟，一日上树能千回。

要不是他自己说，谁能相信一个出身于所谓“奉儒守官，未坠素业”的官僚家庭的子弟，一个交游当世文豪的青年诗人，同时却又是这样一个欢喜爬树的顽皮孩子呢？从这里应该看出两点：一是他的家庭经济状况的确不算好，从小就不是一个“娇生惯养”“坐不垂堂”的“千金之子”；另一是由于他的乡村生活所养成的天真的性格，这是作为一个诗人不可缺少的品质。杜甫的成功在此，因为没有什么臭架子，使他容易亲近劳动人民；杜甫吃了一辈子的苦头也未尝不在此，因为这使他一贯地讨厌“机巧”和“俗物”。他甚至讨厌到这种程度：“眼边无俗物，多病也身轻！”（《漫成》），什么是“俗物”？这就是官僚。

开元十九年（731），杜甫二十岁，这是开元全盛时代，所谓“远行不劳吉日出”。就在这时，他离开了书斋，开始了他的壮年时期的游历生活。前后凡三次，时间在十年以上。第一次游吴越（在此前一年，曾一度游山西），到过金陵、长洲、苏州、杭州、山阴、钱塘江、镜湖、剡溪、天姥山等地，历览了许多名胜古迹，饱尝了祖国山川的秀丽。他引以为恨的是“不得穷扶桑”（《壮游》），没有能够漂洋过海一直漫游到日本去。

开元二十三年（735），他二十四岁，为了参加进士考试，才由江南回到洛阳。不料文章似班、扬的杜甫，竟没考上。一来当时社会还安定，二来个人生活还不成问题，所以虽然落第，他并不在乎，“忤下考功第，独辞京尹堂”（《壮游》），就在次年又开始了他的第二次的游历。这次游历地区是在齐赵（河南、山东、河北一带）。生活的主要内容是射猎。《壮游》诗说：

放荡齐赵间，裘马颇清狂。
春歌丛台上，冬猎青丘旁。
呼鹰皂枥林，逐兽云雪冈。
射飞曾纵鞚，引臂落鹙鸧。
苏侯（苏源明，杜甫的好友之一）据鞍喜，忽如携葛疆（晋时武将）。

不是杜甫自己说，我们也很难相信后人推为“诗圣”的杜甫却原来并不是什么“白面书生”，而是一个箭不虚发的“射飞”的能手。射飞就是射正在飞的鸟。这种射猎生活，对他很有影响，首先是丰富了他诗的内容和风格。杜甫有不少写鹰和马的诗，特别是写马的，不管真马或画马，都能写出马的那种气吞万里的神气。他爱马，也懂得马。常用马和鹰来形容一个诗人，如《奉简高三十五》(高适)：“骅骝开道路，鹰隼出风尘。”其实杜甫自己的风格也正是如此。其次，培养了他的坚强、勇敢的性格。我们且举一件小事为例：杜甫在夔州时，已是年老多病，但有一次，吃了几杯酒，一时兴发，竟飞马从山上跑下，“骑马忽忆少年时，散蹄迸落瞿塘石”(《醉为马坠》)，差点被摔死。杜甫本是“少小多病”的，所以这种射猎生活，无疑是他的一种体育锻炼。在这一点上，杜甫和他的诗友——“十五好剑术”的李白，也是极相似的。

开元二十九年（741)，他三十岁，才回到洛阳。大约是天宝三载（744)，他三十三岁那年，在洛阳会见了大诗人李白。那时李白为高力士所谗，得罪杨贵妃，刚从长安放回，要游梁宋（河南)，于是杜甫又开始了他第三次的游历。这时同游的还有“年过五十，始留意诗什”的高适。他们三个，性格都很豪放，天天过着登高怀古、饮酒赋诗和论文的生活。《遣怀》诗说："忆与高李辈，论交入酒垆。两公（杜甫比李白小十一岁，比高适也小十多岁）壮藻思，得我色敷腴（喜悦貌）。气酣登吹台，怀古视平芜。"又《春日忆李白》："何时一樽酒，重与细论文。"有时他们也打猎或访隐士。

值得我们纪念、表彰和学习的，是杜甫和李白这样两位大诗人之间，竟能建立兄弟般的友谊。杜甫对李白是："余亦东蒙客，怜君如弟兄。醉眠秋共被，携手日同行。"（《与李十二寻范十隐居》）李白对杜甫呢，也是"思君若汶水，浩荡寄南征！"（《沙丘城下寄杜甫》）一扫所谓"文人相轻，自古而然"的积习。同时，他们之间也不是没有批评，对于李白那种浪漫生活和惊人的豪放性格，杜甫表示不同意并担心。他规劝李白说："痛饮狂歌空度日，飞扬跋扈为谁雄？"（《赠李白》）

天宝五载（746），杜甫在鲁郡东石门和李白分手之后（李白有《鲁郡东石门送杜二甫》诗），便"西归到咸阳"，结束了他的游历生活。这时他三十五岁。

无疑，这种游历生活对杜甫也是起着良好的教育作用的。因为使他有机会接触到祖国无比丰富的文化遗产和壮丽的山河，比得之于书本子上的更富有直观性。这样，就不仅扩大了他的视野和心胸，同时也提高了他的爱国情绪。比如《望岳》诗："会当凌绝顶，一览众山小！"便是杜甫对祖国的名山——泰山的歌颂，也是对自己的一种鞭策和自许。生动地表现了一个青年诗人蓬勃向上的朝气，至今犹能令人想见他攀登泰山时那股子活泼劲（杜甫曾登上泰山）。由于这时环境较好，尚未深入人民生活，他还没创作出够得上称为现实主义的作品。但对于上层社会，已发出了“所历厌机巧”（《赠李白》）的诅咒。

（二）困守长安时期

（746—755）

这一期是从杜甫三十五岁到四十四岁。这是大唐帝国渐趋衰落，统治阶级日益腐朽，人民日益痛苦的时期，也是杜甫生活逐渐走向艰难的时期。对创作来说，则是他走向文艺的唯一的源泉、走向现实主义的一个关键。

我们先看他的政治生活。

杜甫来长安的目的，自然是要做官，老实说他还想做大官，因为他想通过做官来实现他的政治抱负和理想，所谓“致君尧舜上，再使风俗淳!”（《奉赠韦左丞丈》）他也有他的政治品质：“独耻事干谒。”（《赴奉先咏怀》）然而这种抱负和品质，在封建社会却正是他到处碰壁的根源。因为李林甫、杨国忠一班混蛋，不是要“致君尧舜上”而是要致君桀纣上，不是要

“再使风俗淳”而是要加紧地剥削人民。李林甫为了保持自己的相位，竟至不惜培植安禄山等飞扬跋扈的番将。这班混蛋，需要的不是什么贤才，而是奴才。所以，当天宝六载（747）玄宗“诏天下：有一艺，诣毂下”时，李林甫便一手扼杀了包括杜甫和元结在内的所有这次应诏的人选，造成“无一人及第”的局面，还上表称贺：“野无遗贤。”

我们知道，唐代重诗。所以除了公开考试之外，向个别公卿们投诗，也是谋求官职的一条道路。这种以“投诗”为干谒的现象，在当时是很普遍的，大家也并不认为是一种什么“不可告人”的可耻的勾当。相反，倒是认为“以文得禄，亦足为荣”。（白居易《日试诗百首田夷吾、曹播等授魏州、兖州县尉制》）但是，通过投诗来取得功名的固然也有，失败的还是占绝大多数。所有这些情况，我们可以从白居易的《见尹公亮新诗偶赠绝句》一诗中看到：“袖里新诗十首余，吟看句句是琼琚。如何持此将干谒，不及公卿一字书？”

事实也正是这样。当杜甫应诏失败之后，政治抱负，且不去说，为了解决日常生活问题，他开始向达官们投诗，如《奉赠韦左丞丈》《赠翰林张学士》《赠起居田舍人澄》《投赠哥舒开府》《奉赠鲜于京兆》《上韦左相》等，希望得到他们的汲引。他甚至不得不违反自己的心意通过鲜于仲通向杨国忠发出

“有儒愁饿死”的哀号。但统治阶级是不会关心诗人的死活的，杜甫没有，也得不到公卿们的“一字书”，所以尽管这些诗写得“格调精严”，也只算白写白投了。

“昭代将垂白，途穷乃叫阍!”杜甫无路可走，最后只好“毛遂自荐”。他在天宝十载（751）和十三载（754）先后两次向唐玄宗献赋（其实也就是投诗），结果虽得到玄宗的赏识，博得“词感帝王尊”的虚名，但仍未取得一官半职。（按：岑参《送祁乐归河东》诗：“往年诣骊山，献赋温泉宫。天子不召见，挥鞭遂从戎。”可见献赋，亦当时常事。）

有一点值得我们为杜甫指出，就是在他困守长安的最后一年（第十个年头），统治者任命他做河西尉而他竟坚决地拒绝了。县尉这种小官虽有它坏的一面，如高适说的“拜迎官长心欲碎，鞭挞黎庶（人民）令人悲!”（《封丘作》）但从个人利害来讲，它又是一个肥缺，因为它是直接骑在人民头上的，可以通过“鞭挞”进行敲诈勒索。所以岑参《送张子尉南海》而警告他说：“此乡多宝玉，慎勿厌清贫!”唐代官吏有不少是从县尉发迹的，杜甫诗友高适、岑参就都做过县尉。（我不是说他们也贪污。）唐代县尉的俸禄多少，我们虽不详，但据白居易诗：“王夫子，送君为一尉，东南三千五百里。道途虽远位虽卑，月俸犹堪活妻子。”看来养活家小还是办得到的。杜甫在长安足足熬了九年，现在他却情愿“饿死”也不肯做这种鞭打人民的官，这种纯洁的精神是值得我们怀念的！（按唐时县尉自身亦有时不免受鞭挞，但主要是鞭挞人民。）除上引高适诗外，白居易也说：“臣近为畿尉，曾领和籴之司，亲自鞭挞，所不忍睹。”（《论和籴状》）并足为证。由于他的拒绝，统治者才改派他做右卫率府胄曹参军。这是一个掌管兵甲器仗和门禁锁钥的正八品下的小官，对诗人杜甫原来的政治抱负来说，简直有点滑稽。但总比靠鞭打人民来生活要强得多，所以他很幽默而伤心地说了一句“率府且逍遥”（《官定后戏赠》）。然而，当杜甫“官定”之时，差不多也就是安禄山造反之日。所以整个说来，杜甫的政治生活是非常失意的。

现在我们再来看杜甫这一期的经济生活。

政治生活的长期失意，给他带来了日益加深的物质生活的艰难。和第一期不同，他开始“卖药都市”，遭人白眼，过着乞丐式的屈辱生活：

> 朝叩富儿门，暮随肥马尘。
> 残杯与冷炙，到处潜悲辛！（《奉赠韦左丞丈》）

他开始挨饿受冻：

长安苦寒谁独悲？杜陵野老骨欲折……

饥卧动即向一旬，敝衣何啻悬百结。

君不见空墙日色晚，此老无声泪垂血。(《投简咸华两县诸子》)

杜甫曾住在长安东南郊杜陵附近的少陵，故自称“杜陵野老”。有时也自称“少陵野老”或“杜陵布衣”。他这时又常常说到饿死：

纨绔不饿死，儒冠多误身。(《奉赠韦左丞丈》)

有儒愁饿死，早晚报平津。(《奉赠鲜于京兆》)

但觉高歌有鬼神，焉知饿死填沟壑。(《醉时歌》)

而在这期的末一年，他的幼子也确实是饿死了。由于饥寒交迫，他开始为病魔所缠绕：

疟疠三秋孰可忍？寒热百日相交战。

头白眼暗坐有胝，肉黄皮皱命如线。(《病后过王倚饮赠歌》)

和读书游历时期的杜甫，完全是另一副形象了。

然而，这种职业上的政治生涯的失意以及由此带来的物质生活的贫困，却正是杜甫在诗歌上的政治性的加强。因为使他有可能深入现实，接近人民，认识当时政治的罪恶本质，从而在写作大量的投赠诗的同时也陆续地并愈来愈多地写出了像《兵车行》《丽人行》《赴奉先咏怀》这一类为人民而歌唱的辉煌的现实主义作品。这些作品，是第一期所没有，也不可能有的。

（三）陷贼与为官时期

（756—759）

这一期是从杜甫四十五岁到四十八岁。这是大唐帝国极端衰落，民族危机极端严重，人民灾难极端深巨的时期，也是杜甫生活极端危难的时期。时间虽短，艺术成就却大。

天宝十四载（755）11 月安禄山之乱爆发了，由于禄山部下多胡人，于是本来已趋尖锐化的阶级矛盾转变而为民族矛盾。新的形势在杜甫面前提出了新的课题，这就是如何来救亡图存。经过一度逃难，756 年 8 月，他听说李亨（肃宗）即位灵武，便把家小撇在鄜州的羌村，只身奔赴国难。不料中途为胡兵所俘，被押解到长安。在这里，杜甫亲身感受了亡国的痛苦。他亲眼看到胡人的烧杀淫掠，却不敢哭出声，《哀江头》说："少陵野老吞声哭，春日潜行曲江曲。"尽管处境很危险，但杜甫所关心的，并不是个人的安全，而是祖国的光复，特别是军事上的情况。这年10月，房琯惨败于陈陶斜和青坂，杜甫写了《悲陈陶》和《悲青坂》两首诗，对于当时为国牺牲的烈士们致以衷心的哀悼，给予他们以"义军"的光荣称号："四万义军同日死！"（《悲陈陶》）他又担心芦子关没人把守，恨不得有人去提醒李亨："谁能叫帝阍？胡行速如鬼！"（《塞芦子》）在这种极端的忧虑和悲愤下，杜甫竟致"愤惋成疾"（《奉谢口敕放三司推问状》），头发也全白了："况我堕胡尘，及归尽华发！"（《北征》）"遭乱发尽白！"（《同元使君春陵行》）

杜甫的热爱祖国是经得起考验的。757年4月，他终于冒险从小路逃出长安回到当时政府所在地——凤翔。"生还今日事，间道暂时人！"（《喜达行在所》）这是他逃出后痛定思痛的回忆。"麻鞋见天子，衣袖露两肘。"（《述怀》）这是他见李亨时的自我写照。

脱贼之后，他做了左拾遗，这是一个可以向皇帝提出不同意见的谏官。但就在刚一做左拾遗的那一个月（5月），杜甫因为上疏营救房琯的罢相，触怒肃宗，亏得张镐搭救，方免一死。

肃宗既厌恶杜甫，这年闰八月便特许他回鄜州去探视家小。杜甫当时很留恋，实际上倒给了他一个深入民间的机会，等于做了一次“创作出差”。有名的《北征》和《羌村》便是从这次“出差”创作出来的。《羌村》第三首：“请为父老歌：艰难愧深情！歌罢仰天叹，四座泪纵横。”在这里，我们看到诗人杜甫和劳动人民哭在一起的动人的形象。农民们对他，也十分随便。

757年9月，长安克复。11月，杜甫携家至长安。尽管肃宗讨厌他，但为了国家，为了人民，他一直没放弃他的谏官职责，这从“避人焚谏草，骑马欲鸡栖”（《晚出左掖》），“明朝有封事（密奏），数问夜如何”（《春宿左省》）等诗句可以得到证实。前人曾根据杜甫这些诗句和岑参做比较，《唐宋诗本》卷四十一引“老杜补遗”：“肃宗至德初，子美为拾遗，岑参为补阙，或问二人孰贤？余曰子美贤。或曰何以知之？曰以其诗知之。子美之诗曰：‘避人焚谏草，骑马欲鸡栖。’又曰：‘明朝有封事，数问夜如何。’参之诗曰：‘圣朝无阙事，自觉谏书稀。’至德初，安史之乱方剧，朝野骚然，果无阙事时耶？”这评判应该说是很公平的。葛立方的《韵语阳秋》又曾将杜甫与杜牧相比较：“老杜省宿诗云：‘明朝有封事，数问夜如何。’盖忧君谏政之心切，则通夕为之不寐，想其犯颜逆耳，必不为身谋也。杜牧之诗云：‘昔事文皇帝，叨官在谏垣。奏章为得地，断齿负明恩。金虎知难动，毛釐亦耻言。撩头虽欲吐，到口却成吞。'至与人论谏，尤可怪，谓'谏杀人者杀人愈多，谏畋猎者畋猎愈甚。'是欲钳天下忠义之口，有臣如牧，国家奚望哉！然唐史乃谓牧之刚直有奇节，敢论列大事，指陈利病尤切，何耶？"（卷十一）从两相比较中指出杜甫的"必不为身谋"，也是能使人信服的。（郭老说杜甫"是在过分粉饰自己。既已'避人焚谏草'了，何以又写进诗里，自我表扬？"按此论未免过苛。杜甫这样做，其意本在不求人知，事实也是这样证明的，他没有留下一篇谏书。他这样做，就这样写，怎能说是"粉饰自己"？）

由于杜甫的好管"闲事"，758 年（乾元元年）6 月，肃宗便贬他做华州司功参军，管理地方的祭祀、学校、选举等文教工作。"无才日衰老，驻马望千门！"（《出金光门》）可见当时杜甫依然是不胜留恋。但实际上，他倒又一次地得到深入民间的机会，做了第二次的"创作出差"，到那唯一的最广大最丰富的文学源泉中去。有名的"三吏""三别"，便是 759 年春他由洛阳回华州的一路之上所看到的广大人民惨痛生活的写真。由于战争性质的不同，这已不是向外侵略而是反侵略的卫国战争，也由于杜甫懂得"皮之不存，毛将焉附"的传统教训，能够把整体利益放在局部利益之上，把长远利益放在暂时利益之上来考虑问题，所以在这六首诗中，对于战争的态度是和以前“非战”不同的。他一方面根据当时人民固有的“同仇敌忾”的爱国热情进一步鼓励人民参战，有时借新娘子的口说话：“勿为新婚念，努力事戎行！”（《新婚别》）杜甫看得清楚：没有人民的参战，国家马上就要灭亡；但朝廷如果不顾人民的死活，自掘坟墓，人民也就很难以参战，国家还是要灭亡。所以杜甫在另一面则大力揭露当时兵役的黑暗并直接痛斥统治者的残暴：“眼枯即见骨，天地终无情！”（《新安吏》）所谓“天地”，实即朝廷。

759年是杜甫生活最艰难的一年，所谓“一岁四行役”。这年的7月，杜甫弃官不做，由华州往秦州（甘肃天水）。弃官的原因，《新唐书·杜甫传》说是因为“关辅饥”。其实还有他的政治原因，这就是他对当时的政治和统治者都感到绝望，觉得“无能为力”“不可救药”。所以他在《送樊侍御》诗中曾说：“恨无匡复姿，聊欲从此逝。”口头上说恨自己无才，其实是恨肃宗的昏庸。《秦州杂诗》说：“唐尧（暗指肃宗）真自圣！野老复何知？”恨意就更明显了。这种对统治者的憎恨，正是杜甫主动地走向人民的契机，使他终于摆脱了“苦被微官缚，低头愧野人”的圈牢式的狭隘生活。

杜甫到秦州之后，还是活不下去，只得带着家小再投奔同谷。谁知到了同谷，生活更苦，全家几濒绝境。这时正是大雪封山的严冬，为了觅取食物，杜甫只得穿着短衣，扛着锄头，到深山去挖“黄独”（山芋）。《同谷县作歌七首》第二首写道：“长镵长镵白木柄，吾生托子（长镵）以为命！黄独无苗山雪盛，短衣数挽不掩胫。此时与子空归来，男呻女吟四壁静。”真是“惨绝人寰”！通过实际的生活体验，杜甫第一次地体会到并道出了劳动工具的巨大作用。为了解决一家生活问题，12 月 1 日，他复由同谷往成都。

这一期虽只四年，但由于生活充实，佳作也最多。在诗体方面，则多用五言、七言古体。

（四）漂泊西南时期

（760—770）

这一时期，包括杜甫从四十九岁到他死时五十九岁的十一个年头。这是大唐帝国继续衰落的时期，所谓“胡灭人还乱”“天地日流血”，也是杜甫继续吃苦的时期。但有一点和以前不同，就是他已由不自觉地吃苦变而为自觉地吃苦。本章开首所引的两句诗便是这时写的。“吾道属艰难”，杜甫已看穿了按照他自己的道路走去那就只有吃苦，所以又有“我辈本常贫”

(《寄薛三郎中》) 的话。这正是杜甫通过痛苦的生活实践所得到的认识，所炼成的顽强性。

759 年冬，杜甫由同州到了成都，第二年春，在成都西郭盖了一所“草堂”，正式开始了他的“漂泊西南天地间”的生活，同时也开始了他的从事体力劳动的“为农”生活。他写了一首以《为农》为题的诗，正是他这一新的生活的标志。

对于杜甫的“为农”，我们应有两点认识：第一，他的为农不是逃避现实、逃避政治的，和一般山林隐士不同。杜甫始终关心政治，他的为农，一方面是为了解决实际的生活问题，一方面也未尝不想通过他的在野的身份，所谓“野人”“野老”“狂夫”等，来取得较多的对于当时政治进行批判的自由，至少在客观上是起着这种作用的。像上面引到的那两句诗：“唐尧真自圣！野老复何知？”口吻和态度，是颇为不逊的，如果不是已弃官不做，便写不出来。又如《忆昔》诗讥肃宗怕老婆，骂李辅国为“小儿”，如仍在朝做官，恐怕也不敢这样“放肆”。第二，他的为农不是挂招牌的，和一般田园诗人不同。他是的的确确全心全意地投入了劳动生产。他养鸡养鸭养鹅，种药种菜种竹种树。他选种树木的标准有二：一是道德标准。他种松种竹，就是因为松竹具有坚忍不拔的品质可做精神食粮。所以说：“平生憩息地，必种数竿竹。”(《客堂》) 又说：“欲存老盖千年意，为觅霜根数寸栽。”（《凭韦少府班觅松树子栽》）可见杜甫的爱种松竹，并不是偶然的、毫无意识的。生活经验告诉他：要想向一切罪恶宣战，就必须不畏艰难，就必须具备凌寒耐冷的松柏精神。白居易说“养勇期除恶”，这正是古人养勇的一种办法。白居易就是把松树当作“嘉宾”“益友”。什么是“存”，即存之于心以自警自励。另一是经济标准。他种桤，就是因为“饱闻桤木三年大”，他种桃，也是因为它“高秋总馈贫人食，来岁还舒满眼花”。他经常怀着关切的心情在园子里各处察看他自己栽的一切果木，“会须上番看成竹，客至从嗔不出迎”。他宁愿开罪来访的客人。

一个热爱劳动的人，也一定会热爱劳动人民，所以杜甫从这时起最爱和“野老田父”来往，野老田父也常常送他东西，这从“邻家送鱼鳖，问我数能来”和“田父要皆去，邻家问不违”等诗句可以看出。他和劳动人民之间的天真的结合更充分体现在《遭田父泥饮美严中丞》一诗中。而对于达官贵人，则是宁愿害病也不愿看见他们。因此，尽管他这时生活比较安定，还是写了不少替人民说话的诗。

762 年 7 月，因避徐知道之乱，杜甫漂泊到梓州（三台）和阆州，直到 764 年春严武再镇蜀，才回到成都草堂。严武保荐杜甫为检校工部员外郎（因此后人又称杜工部），并拉他做节度使署中的参谋。杜甫迫于友谊，只好“白头趋幕府”“束缚酬知己”。但不到半年（765 年正月）还是辞了职。这年 4 月，严武死了，杜甫不得不最后离开他的草堂再开始漂泊。（杜甫最后离开成都在严武之死以前或以后，是一个有待研究的问题。）

在成都和梓州的五六年间，杜甫的生活还是很苦的，他盖的是老棉絮：“布衾多年冷似铁”（《茅屋为秋风所破歌》），他穿的是破衣、破鞋：“过懒从衣结，频游任履穿”（《春日江村》），孩子们也因缺少营养而患贫血：“厚禄故人书断绝，恒饥稚子色凄凉”（《狂夫》），有时孩子们饿得乱蹦乱叫，他只好叹息说：“痴儿不识父子礼，跳怒索饭啼门东！”（《百忧集行》）而最使他难堪的是不得不“强将语笑供主人”。所以，他曾伤心地把自己比作“苦摇求食尾”的“丧家狗”。（《将适吴楚留别章使君》：“昔如纵壑鱼，今如丧家狗。”）此外，他还写到他自己的骨瘦如柴的形象：“穷愁但有骨，群盗尚如毛。”（《王阆州筵酬十一舅》）又说：“三年奔走空皮骨，信有人间行路难。”（《将赴成都》）由此可见，即使在这段生活里他也并不像一般人所想象的那样舒适。

765 年 5 月，杜甫离开成都草堂。经过嘉州（嘉定）、戎州（叙府）、渝州（重庆）、忠州（忠县）、云安（云阳），于 766 年 4 月再度漂泊到夔州（奉节县）。在这里他住了将近两年。

他这时生活，主要有两方面：一是体力劳动，继续成都时的“为农”生活。由于夔州都督柏茂琳的帮助，他在“东屯”租得一些公田，在“瀼西”买有四十亩果园。他请了几个雇工，同时自己也开始“耕稼学山村”“治生且耕凿”“深耕种数亩”的生活。杜甫自困守长安以后，就一直为肺病、疟疾、头风、风痹等症所缠绕，这时他已是一个半残废的老头了。“缓步仍须竹杖扶”（《寒雨朝行视园树》）、“牙齿半落左耳聋”（《复阴》），便是诗人这时的形象。和“射飞曾纵鞚”的壮年时代完全不同了。尽管如此，他仍然亲自参加生产劳动，这从“老夫自汲涧”“巡圃念携锄”“细雨荷锄立”等诗句可以看出。

杜甫在夔州生活的另一面是脑力劳动，即大力写诗。在不到两年的时间内，他写了四百三十七首诗（当然还有亡佚的），差不多占现存诗总数的百分之三十，平均每月约写二十首。所以夔州时期又可以说是杜甫诗的丰收时期。这也充分说明杜甫的勤恳态度。丰收的原因是：

首先，他这时物质生活条件较好，虽然有时还不免“囊空把钗钏，米尽拆花钿”，门也是歪歪斜斜的，所谓“缚柴门窄窄”；篱笆也不完整，以至于“缺篱将棘拒”（俱见《秋日夔府咏怀》），但生活一般还安定，使他能静下心来从事写作。

其次，夔州新的自然环境和社会环境以及杜甫自己接近劳动人民的劳动生活，提供了他的诗以新的题材。他不但看到夔州江山的险丽，也看到夔州人民的穷困，前人说："天欲少陵传秀句，故教迁谪上瞿塘。"其实夔州风景的描摹只是杜甫这时诗作的一个方面，而且是次要的一面。

再次，杜甫生活经验异常丰富，接触面很广，生活素材的储蓄量很大，过去奔走衣食，没得到充分运用的机会，而今正好消化一下，所以便把过去一切经历，从国家大事到个人生活细节，来一番"反刍"，写成不少传记体的回忆诗。有的是自传，如《壮游》《昔游》《遣怀》《往在》等；有的是记人，如《八哀》等。这可以说是杜甫这一时期作品在内容上的一个特征。在诗的体裁上，则律诗占多数，百韵的长篇排律也是这时出现的。但值得注意的是七言律诗，因为从内容到形式都有了创造性的发展。如《秋兴》八首，《诸将》五首，《咏怀古迹》五首和《又呈吴郎》等，都充满爱国忧民的热情，和他以前的诗人专门拿七律做歌功颂德的工具，完全不同。同时，杜甫还进一步注意到"诗律"的问题，并创造了"拗格"律诗。

768年正月，杜甫想回家乡，于是离开"夔府孤城"，乘着他自备的一条船漂到了湖北的江陵。不料道路阻梗，只好顺流而下，于是又漂到公安。不料公安也没有"东道主人"，只好又漂到湖南的岳阳。从此又过着"饥借家家米，愁征处处杯"

(《秋日荆南述怀》）的生活。杜甫这时处境更艰难。不但一般人对他冷淡，连亲友都不睬他了。所以当他只身登上岳阳楼时，不禁沉痛地说道："亲朋无一字，老病有孤舟。"他没办法，只好再向南漂到潭州（长沙）去。应该指出的是，尽管生活艰难，或者说正由于生活艰难，杜甫的眼睛始终是注视着人民的。他一路之上，写了《岁晏行》《遣遇》《客从》《宿花石戍》等反映人民痛苦的诗。他把统治阶级的一切苛捐杂税概括成五个字："索钱多门户！"他把战乱带给人民的一切灾难也概括成五个字："丧乱死多门！"所以，从创作的角度来看，杜甫的整个漂泊生活也未尝不可以说是一次长时期的"创作出差"。没有新的生活、新的人物、新的印象，杜甫也就写不出新的诗篇。杜甫晚年在夔州有时不免感到诗兴枯竭的苦闷，他曾经说："诗尽人间兴，应须入海求。"这苦闷以及由此而导致的脱离现实的想法，是多少和他那时比较固定而闭塞的生活有关的。当然，我们不应满足于这种"创作旅行"，而应更进一步地深入生活。但不应以此要求古人。

770年（大历五年）4月，臧玠在潭州作乱，杜甫逃往衡州。这是他最后一次的逃难。真如他自己说的"干戈送老儒"！他原想坐船往郴州投靠舅父崔伟，但遇涨大水，只得停泊"方田驿"，有五天没得吃的（《呈聂令》诗："半旬获浩溔"）。这是杜甫最后一次的挨饿。方田驿（地名不见县志，已难确指为何地）属耒阳县，当时县令聂某听到杜甫为大水所困的消息，便派人送来酒肉，算是没有饿死。杜甫有诗表示感激。这是他最后一首为谢人饮食而作的赠诗。（杜荀鹤诗："县宰不仁工部饿"，那是错怪了聂令。）

由耒阳往郴州还有两百多里，又是逆流而上，大水又未退，一时难以前进；再则杜甫主观上本不想再往南走，"过洞庭，上湘江，非有罪左迁者罕至"！（柳宗元《送李渭赴京师序》）应该是唐人一般的看法。所以杜甫便改变了计划，觉得还是北归的好，于是便折回潭州，故有《回棹》诗。就在这年冬天，他死在由潭州到岳阳的途中，他自己的一条破船上。《风疾舟中伏枕书怀》是他力疾写成的一篇绝笔。从这篇绝笔中，我们可以看见我们的诗人临死时的苦难形象："乌几重重缚，鹑衣寸寸针。"他一身破烂！也可以看出我们的诗人那种"穷年忧黎元"的伟大人格："战血流依旧，军声动至今！"他表示了他对祖国和人民最后的关心！"家事丹砂诀，无成涕作霖！"他流了他最后的一滴泪！

在人民受着压迫、剥削、奴役的封建时代，一个诗人却要站在人民的立场上为人民而歌唱，他的生前落寞，身后萧条，是肯定了的。棺材自然运不回去，他的儿子宗文、宗武只好把灵柩权厝在岳州昌江县（现为平江县）的小田村。一直到813年（宪宗元和八年），才由他的孙子杜嗣业（宗武所生）把他的遗体归葬偃师，并请求诗人元稹作墓志铭，距他的死已四十三年。

杜甫有很多哭人的诗，然而——尽管他在当时已是“新诗海内流传遍”“大名诗独步”的作家，却竟没有一个哭他的人，我们竟找不出一首当时人哭他的诗。这也就给后来关于杜甫之死的谣传一个活动的机会。有的说杜甫吃了聂令送来的牛肉白酒，“一夕而卒”（郑处诲《明皇杂录》）。有的说杜甫“醉宿酒家，是夕江水暴涨，为惊湍漂没。其尸不知落于何处”（李观《杜传补遗》）。都是荒唐无稽之谈。可是令人不无遗憾，傅庚生先生也说：“杜甫的惨死，恐怕是真的，不管是饫死还是溺死，这是‘辨’不倒‘讳’不住的了。”又说：“我们甚至可以怀疑他是像屈原一样怀沙自沉了的，不过别无佐证，不能故作惊人之论。”（《杜甫诗论》，第39—40页）我们认为：杜甫到底如何死的，这问题还小。至于为了为溺死一说找理由，不顾不同的历史条件和个人身世，怀疑他会像屈原一样怀沙自沉，那就不是小问题了。因为这关涉到杜甫的全人，关涉到杜甫的整个精神面貌。我们几乎用不着为杜甫辩护，全部杜诗都证明着这一点：杜甫是顽强的！上面说过，杜甫晚年已是一个半残废的老头，但是请看一看这个半残废的老头的精神世界吧："齿落未是无心人，舌存耻作穷途哭！"（《暮秋枉裴道州手札》）这是什么样的气概？所以，在杜甫身上我们绝找不到一些自杀的迹象，而"吾道属艰难"，更是他的简明而有力的自白。傅先生虽自言"别无佐证，不能故作惊人之论"，但这样地提了出来，我们认为毕竟是不恰当的，因为可能引起一般读者对杜甫的错觉。

杜甫的一生，是艰难的，也是光荣的，他为了人民而过着艰难的生活。近来成都市人民政府已着手在杜甫居留过的草堂原址筹建杜甫纪念馆，无疑，他将永远得到广大人民的纪念。把他的诗交还人民，便是我们的任务。

（五）生活对杜甫的影响

以上我们着重地叙述了杜甫一生中的艰难困苦生活。现在我们再来谈一谈这种生活对杜甫及其作品所发生的影响。分析地说，这有以下几点：

第一，正是这种艰苦生活，改变了杜甫的阶级思想感情，滋长了他对统治阶级的憎恨。因为生活迫使杜甫深入现实，丰富了他自己的经验，这样就使他有可能看透统治阶级的堕落、无耻、残酷和无能，在自相矛盾中前进。

高尔基说："一个具有丰富经验的作家，总是自相矛盾的，因为，丰富的经验要求着一些广大的，有组织的思想，而这些思想是与集团和阶级底狭隘的目的敌对着的。"（《俄国文学史序》）他又说："观察的广博，生活经验的丰富，是常常有一种力量克服艺术家对事实之个人的态度及他的主观主义，这样来武装艺术家的。"（《我的文学修养》）杜甫便正是这样一位具有丰富的经验，从自相矛盾中逐渐把自己武装起来的诗人。现在我们且举出他对待杨国忠的自相矛盾的态度来作为一个例子。

杜甫在他的《奉赠鲜于京兆》一诗中曾把杨国忠比作汉丞相公孙宏，所谓"有儒愁饿死，早晚报平津"，平津，即封平津侯的公孙弘。这还没有什么，因为公孙弘也不是什么好东西。可是，在《进封西岳赋表》中，竟把杨国忠说成天生的贤俊，说什么"维岳授陛下元弼，克生司空（时杨国忠为宰相，守司空）"。这就真有点歌颂得不像话了。可是，在另一方面，我们知道，杜甫在他的《兵车行》里，曾经露骨地攻击了杨国忠和唐玄宗的开边黩武，同时在《丽人行》中更无情地嘲讽了他和虢国夫人的荒淫无耻。同是一个杨国忠，为什么杜甫对他的态度这样自相矛盾呢？很明显，这就是由于杜甫具有丰富的生活经验，使他不仅看到杨国忠荣华富贵的一面，同时也看到他的丑恶和罪恶的一面，克服了他对杨国忠所抱的个人的狭隘的目的，因而产生这种既捧之又骂之的矛盾现象。对整个统治阶级来说，也是如此。

这种自相矛盾，正是杜甫前进的动力。因为杜甫出身于有着官僚传统的家庭，是个中间阶层的知识分子，按照他的阶级本能对封建统治阶级本来有着很大的向心力，存着很大的幻想，他不是也不可能是一上来就痛恨封建阶级的，更不可能一下子就是一个进步的诗人。正是这种自相矛盾的自我批判，使他逐渐地克服了他的本阶级的落后性，使他逐渐地由一个在主观倾向上是封建统治阶级的皈依者，变而为它的敌对者和攻击者。如他自己所说的“疾恶信如仇”。杜甫后来在《北征》中骂杨国忠为“奸臣”，便是这矛盾发展的结果。经验愈丰富，观察愈深入，矛盾也愈尖锐，批判也愈彻底，进步也就愈大。但是，不应忘记：在不合理的封建阶级社会，丰富的经验的获得，是和吃苦分不开的，是经常要以诗人的多灾多难为代价的。

第二，正是这种艰苦生活，培养了杜甫对劳动人民的热爱。同样，由于生活的逼迫，使杜甫首先在物质地位上接近人民生活，差不多和人民处于同一的可悲命运，从而使他有可能，或者说有资格向人民靠拢，并进而同情人民，关心人民，热爱人民。

毛主席说：“爱是观念的东西，是客观实践的产物。我们根本上不是从观念出发，而是从客观实践出发。我们的知识分子出身的文艺工作者爱无产阶级，是社会使他们感觉到和无产阶级有共同的命运的结果。”（《毛泽东选集》第三卷，第892页）杜甫的爱农民也正是从他的生活实践而来的。可以肯定：在生活上远离人民的人，不但不可能热爱人民，而且根本就不可能接近或靠拢人民，因为人民首先就看你不顺眼，把你看作他们的敌人。我们也不妨举个例，和杜甫同时并得到杜甫表扬的诗人——元结，曾写有一首《喻瀼溪乡旧游》的诗，在这首诗里，曾说到瀼溪人民对他的前后两种截然不同的态度：

往年在瀼滨，瀼人皆忘情。
今来游瀼乡，瀼人见我惊。
我心与瀼人，岂有辱与荣？
瀼人异其心，应为我冠缨（做官）！
昔贤恶如此，所以辞公卿。……

同是一个元结，为什么瀼溪人民以前和他那样亲近而后来却见他有些怕呢？元结自己做了回答，这就是因为他以前没有做官，而后来则是一个“冠缨”人物，是一个骑在他们头上的人物，所以老百姓看他不顺眼。十分明显，假如杜甫真的飞黄腾达，腰金衣紫，那即使他主观上想和人民接近，人民也是要惊而却走的。这也就是说，正是这种在生活上和人民接近的血缘关系，使他有可能热爱人民并得到“人民默默无声的帮助”！刘熙载《艺概》卷二说：“代匹夫匹妇语最难，盖饥寒穷困之苦，虽告人，人且不知；知之，必物我无间者也。杜少陵、元次山、白香山，不但如身入闾阎，目击其事，直与疾病之在身者无异。”要做到“物我无间”“如病在身”，就必须有这种生活实践。

第三，正是这种艰苦生活，提供了杜甫的诗作以丰富的题材，并使得他的诗的主题获得广泛的社会内容和深刻的政治意义，从各方面来反映现实，反映人民的生活，从而取得“诗史”的称号，成为时代的纪念碑。

斯大林说：“形象和事件是不可以坐在自己的书房里臆造的。必须从生活中汲取——研究生活吧。向生活学习吧！”（转引《苏联文学中的典型性问题》）这原理是已为古今无数作家所证实了的。李白说：“不见征戍儿，岂知关山苦？”（《古风》十四）高适说：“试共野人言，深觉农夫苦！”（《自淇涉黄河途中作》）假如他们不见不闻，便不可能反映人民的形象和事件。从杜甫的创作过程来看，那就更为明显：每当杜甫走出书房、离开皇帝，向人民靠拢，和人民结合的时候，也就是他的诗篇大放光芒的时候；而每当他守在书房里或皇帝身边时，诗思也就枯竭，写出来的作品也就显得黯淡无光。举例来说，譬如从757年5月到759年7月的两年多的时间里，杜甫是在做着官的，但由于一再地得到深入民间的机会，接触了人民的生活，因而尽管做着官也并不妨碍他创作出像《北征》《羌村》“三吏”“三别”等一类具有高度人民性的作品。反之，从759年到770年的十一年间，杜甫除了中间曾有几个月做过严武的节度参谋外，就没有做过官，一直是一个在野的布衣，但由于总是住在城厢附近，生活比较安定，虽说并没有完全脱离人民，但也没有怎样深入人民生活中去，生活的广度和深度都不及前一时期，所以在这一时期里，他虽然也写出了一些政治性很强的好诗，然而却再也写不出像“三吏”“三别”那样肉血饱满的诗了。

从这里，从杜甫的生活和创作的息息相关的关联上，我们可以十分清楚地领会到毛主席为什么要谆谆教导我们文艺工作者“必须到群众中，必须长时期地无条件地全心全意地到工农兵群众中去，到火热的斗争中去”的道理。诚然，生活是丰富多样的，但也绝不是什么生活都一样！过去封建文人说杜甫晚年的诗不如中年，是由于才气衰减，那都是唯心论的说法。我们在篇首已经引过鲁迅先生论天才的话了。

其实，关于人民群众生活对创作的重要性，杜甫自己早就意识到，如《览物》诗："曾为掾吏趋三辅，忆在潼关诗兴多。"所谓"潼关诗兴多"，便是指的759年写作"三吏""三别"时的那段富有斗争意义的生活。

此外，这种艰难困苦的生活，还增强了杜甫诗的感染力，使作品的思想，饱含着肉和血。同时也丰富了他的语言。人民的语言的大胆、广泛地使用，如果没有密切接触人民的生活做基础，也是很难想象的。

总之，杜甫是在热火朝天的现实生活中成长起来的。这是他那伟大的人道主义和现实主义精神的根源，亦即他的创作的根源。

时代环境和个人生活，对于一个作家来说，自然是首要的。但作家的思想，他的世界观，也有很重要的作用。譬如安史之乱，并不只是杜甫一个人生活于其中，并不只是他一个人亲眼看到亲身受到这场灾难，拿当时有名的诗人王维来说，他就曾被安禄山拘留在洛阳，也曾看到并写出那"万户伤心生野烟"的惨象。可是，除了这七个字以外，他就没有留下其他的时代痕迹，安史之乱以后和安史之乱以前，从他的诗中简直找不出什么差别。这就是一个思想问题了。

因此，我们在下面就接着叙述杜甫的思想。

三、杜甫的思想

（一）杜甫思想的历史根源

在叙述这一节之前，我们先谈一谈思想的作用。

鲁迅先生说："美术家固然须有精熟的技工，但尤须有进步的思想与高尚的人格。他的制作，表面上是一张画或一个雕像，其实是他的思想与人格的表现。令我们看了，不但欢喜赏玩，尤能发生感动，造成精神上的影响。"（《热风·随感录》四十三）鲁迅先生说的是美术家，同样也适用于诗人和一般文艺工作者。可见思想和人格对于一个作家的重要性。

尽管由于历史时代的不同，所谓"进步的思想与高尚的人格"虽然有着不同的含义，但作为一个作家必须具有的条件之一，却是从古到今没有什么不同的。杜甫之所以能够成为历史上伟大的诗人，也就是因为他具有进步的思想与高尚的人格。

进步思想对于一个作家之所以重要，这是由于艺术作品都是人类生活在作家的头脑中的反映和加工的结果，都不能不透过作者的思想来表现，而思想本身对于存在有它的相对独立性，有它的坚持性和能动性。它能够帮助一个作家的前进，也能阻挠他。所以虽然同处于一个大时代环境里，而且有着差不多相同的生活经历的两位作家，但由于他们各自原有的思想基础的不同，却不一定都能写出反映现实的作品。我们不妨再以王维为例：他和杜甫同样经历了安史之乱，而且亲身受到安禄山的压迫，亲自尝到亡国的滋味，可是在他的作品里，我们一点也看不出那个时代的面貌和他的民族意识。他把这样一个巨大的变动和惨痛的经历，一股脑儿葬进了这样的两句七言诗：“一生几许伤心事，不向空门何处消？”什么原因使得王维这样把活生生的现实一笔勾销呢？不是别的，便是他那个落后的佛家思想（“空门”）在作怪。原来他是一个所谓“中岁颇好道，晚家南山陲”和“晚年惟好静，万事不关心”的“四大皆空”的佛教信徒。这种先入的、既成的消极思想反作用于客观现实时，自然要腐蚀他的民族意识和斗争情绪。从这一反面的例证，我们也就不难看出思想的作用。

杜甫的进步思想的形成，是一个发展的过程，和他生活着的那个时代环境，特别是和他那种长时期与时代环境密切结合的艰苦生活（社会实践）是分不开的。但，这只是一面，虽然是主要的一面，因为杜甫的思想，由于幼年所受教养的关系，还有它的继承前代传统思想的历史根源的另一面。这历史根源，便是儒家思想。杜甫的思想，正是在儒家思想的基础上来发展的。

我们用不着搜求，也不必讳言，因为杜甫自己就是自始至终都以儒者自居的。他早年，但自称“儒”，例如：

有儒愁饿死，早晚报平津。（《奉赠鲜于京兆》）

纨绔不饿死，儒冠多误身。（《奉赠韦左丞丈》）

晚年，当他已切实感到“儒术于我何有哉”“儒术诚难起”时，不免气愤，则多自称“腐儒”：

江汉思归客，乾坤一腐儒。（《江汉》）

竟日淹留佳客坐，百年粗粝腐儒餐。（《宾至》）

因年已老大，有时也自称“老儒”：

社稷缠妖气，干戈送老儒。(《出江陵南浦》)

愿见北地傅介子，老儒不用尚书郎。(《忆昔》)

我们不必多举，即此可见，杜甫确是一个“儒家者流”。

我们知道，儒家学说是代表封建统治阶级的意识形态的，是为封建统治阶级服务的，既然如此，那么杜甫为什么竟能在这样一种思想基础上以一个“儒家者流”而成为伟大的作家呢？关于这一问题，我们可以从以下几点来加以说明：

第一，儒家思想虽然属于封建思想体系，并且在两汉以后，一贯地成为统治阶级的统治思想，但儒家学说中也存在着若干可取的优点。总的说来，便是那种主张“入世”、主张“有为”的积极精神。这是儒家学说不同于也是高出于佛家和道家的地方。因为佛家道家，都是主张“出世”，主张消极无为，主张一味逃避现实的。杜甫在他的人生态度上正接受了儒家这一精神，很有孔子所谓“知其不可而为之”的顽强性。这就使他能够经常正视现实，即便是在不断的失望中，在极端的困难中，也从不感到绝望，希图出世。

第二，儒家学说虽然主张“尊王”和“忠君”，但同时也主张“节用爱民”，反对暴君“独夫”，反对过分剥削，所谓“与其有聚敛之臣，宁有盗臣”。它虽然轻视劳动人民，但同时也说出了“民为邦本”“民为贵”的真理。在对外政策上，它主张和平，反对侵略战争，即所谓“柔远能迩”“协和万邦”；当外族入侵时，它主张抵抗，即所谓“攘夷”。在文化教育上，它主张“有教无类”。(这一主张在唐太宗时曾起过积极作用。)同时在个人修养上，则主张要做一个“富贵不能淫，贫贱不能移，威武不能屈”的“大丈夫”，所有这些，不能不说是有一定的进步性。杜甫说：“儒术岂谋身?”“儒冠多误身!”正说明了他对儒术的评价和服膺儒术的动机。杜甫不是“挂羊头，卖狗肉”“满口仁义道德，一肚男盗女娼”的伪儒。所以他说“礼乐攻吾短”，又说“斯文亦吾病”。比如杜甫集中，几乎没有艳情诗，这和他的服膺儒学就有一定关系。

正因为这种实践精神，使得儒家学说中一些带有进步性的思想在他身上发生了进步的作用。然而，任何带有进步性的思想都是和封建统治阶级矛盾的，历代统治者都只是利用儒学来作为粉饰太平和欺骗人民的工具，他们需要的是伪儒。杜甫的碰壁在此，这就是王维所说的“被服圣人教，一生自穷苦”。然而杜甫的伟大也在此。

第三，杜甫不仅是继承了儒家思想那较好的进步的一面，而且在某种程度上批判了儒家思想中落后的一面，在某些点上突破了儒家的传统说教。首先，他批判了儒家所谓“明哲保身”

“穷则独善其身”一类的为个人打算的人生观。他敢于正视现实，批评现实，也要求改变现实。在任何穷困的情况下，他都没有停止他的呐喊。他从不看风使舵，畏首畏尾。他自己不怕牺牲，并经常劝朋友们要“临危莫爱身”（《奉赠严公入朝》）。与此密切关联的是：他批判了儒家“中庸”的作风和所谓“温柔敦厚”的传统诗教。当然，杜甫并没有写过什么反中庸、反温柔敦厚的文章，然而他的实际行动和他的全部作品，特别是那些具有鲜明的人民性的作品，都极其雄辩地证明了这点。儒家教人要“不为已甚”，要“父为子隐，子为父隐”，要“为尊者讳”“为贤者讳”，要“故者不失其为故”，要“乐而不淫，哀而不伤”“不怨天，不尤人”……所有这一套腐朽的论调，杜甫在很大程度上都扬弃了。他不是“不为已甚”，而是“疾恶如仇”。他不是“为尊者讳”“为贤者讳”，而是无情地尽情地揭露。差不多所有当时统治阶级以及统治阶级的爪牙的罪恶，在杜甫诗中都得到铁案如山般的记录，都得到他们应得的惩罚。连皇帝的怕老婆，也没有能逃脱杜甫的嘲讽［《忆昔》诗：“张后不乐上（肃宗）为忙”］。有许多的诗句都是“怒目金刚式”的。房琯是当时比较正派的一个宰相，也是杜甫的老朋友，但陈陶斜之败，杜甫并没有为他遮掩，还是写了《悲陈陶》的诗。此外，儒家轻视劳动和劳动人民，杜甫也完全不是这样（这点下面还要谈到）。所以封建历史家说杜甫为人“性褊躁，无器度”（《旧唐书·杜甫传》），正因为他违反了儒家的中庸之道。这是无足怪的。

杜甫之所以能在某些方面突破儒家思想，主要是由于他的接近人民的生活实践，使他对一切问题的看法也能超越他本阶级的偏见而接近人民的观点，含有较多的唯物论因素。其次是由于他的带有革命性的学习态度。他对孔子并不是偶像式的盲目崇拜，他曾很不客气地直斥“大圣人”之名，如《醉时歌》：“儒术于我何有哉？孔丘盗跖俱尘埃。”不少封建文人和注家都纷起责难，说什么“有伤名教”“其词未可以为训”，其实这种反封建传统的精神正是杜甫前进的动力。

由于杜甫一方面能继承儒家思想的若干优点，同时在某些点上又能突破儒家一些老教条的局限，因而终于成为伟大的人民诗人。

至于道家和佛家思想，在杜甫思想领域中并不占什么地位，对于他的生活并不起什么作用，我们可以不多说。在他的头脑中，佛道思想只如“昙花一现”似的瞬息即逝，特别是佛家的思想。这首先是由于杜甫那种艰难困苦的物质生活使他不可能接受这种不劳而食的懒汉思想。如《别李秘书始兴寺所居》云：“重闻西方止观经，老身古寺风泠泠。妻儿待米且归去，他日杖藜来细听。”家里等着米下锅，和尚的“经”再说得好，也听不下去了。其次，也由于杜甫那种积极的入世精神使他在主观上、在思想感情上不肯接受。如《谒真谛寺禅师》云：“问法看诗妄，观身向酒慵。未能割妻子，卜宅近前峰。”他可以不作诗，也可以不饮酒，但要他割下妻儿去出家，却办不到。这都充分说明佛家思想对杜甫实无若何影响，虽然他并非不懂得佛学。

（二）杜甫的几种进步思想

在叙述杜甫的进步思想之前，我觉得有必要对杜甫的忠君思想加以解释。

过去，历代的封建统治者及其御用文人不惜阉割杜甫，片面地孤立地强调和鼓吹杜甫的“一饭未尝忘君”，比如苏东坡就曾突出地强调这一点，他说：“古今诗人众矣，而子美独为首者，岂非以其流落饥寒，终身不用，而一饭未尝忘君也欤?”企图利用杜甫来为他们的阶级利益服务，把一部杜诗当作忠臣教科书，无怪乾隆皇帝大加赞赏：“呜呼，此真子美之所以独有千古者矣!”（《御选唐宋诗醇》卷九）这当然是反动的。但如果我们现在因为杜甫有着较浓厚的忠君思想便怀疑杜甫的伟大，甚或对杜甫的“全人”发生误解，那也是唯心的非历史主义的观点。

首先，我们应该明了杜甫的时代。杜甫所处的时代，乃是一个自给自足的自然经济占主要地位的封建生产关系正巩固地存在着的时代。在那时皇帝还不可能成为非根本否定不可的对象。而“统治阶级的思想总是占统治地位的思想”，因此，“忠君”也就差不多成为封建社会的一种普遍意识。中小地主阶级的知识分子固无例外，就是农民，也仍然是拥护好皇帝的。他们革命，乃是要革掉坏皇帝的命，革“君权神授”的命，并不是要从根本上从制度上革掉皇帝。儒家忠君学说之所以能行得通，根据也就在此。杜甫的忠君思想，固然受了儒家影响，但主要还是由他所处的封建的历史时代所决定的，不但有他的阶级烙印，而且也有他的时代烙印，不仅是他的阶级局限，而且是他的时代局限，即历史局限。这也就是说，杜甫有这种思想，是可以理解的，是不足为奇的。

其次，我们还应全面地来看一看杜甫忠君思想的具体内容。我们必须把杜甫的忠君和一般人的忠君区别开来，不能不分青红皂白地混为一谈。因为，尽管在坚决拥护皇帝这一根本点上，杜甫和他们之间并无不同，但在目的和具体做法上却有区别。与其说杜甫是“一饭未尝忘君”，不如说他是“一饭未尝忘致君”。什么是“致君”？那就是变坏皇帝为好皇帝，干涉皇帝的暴行。他反对开边，反对荒淫，反对宦官专权，反对残暴的兵役和赋税，对借兵回纥和和亲政策也表示怀疑等，便都是“致君”的具体表现。所以，杜甫的忠君，并不是消极的无条件的唯天王之命是听的，而是有所斗争。这样，也就使得杜甫在他这一落后的封建的忠君思想里面，具有有利于国家人民的内容，有时还敢于把讽刺的矛头直指最高统治者。所以，在杜甫身上，特别是在那“万方多难”的安史之乱以后的时期，忠君思想和爱国精神始终是密切结合的。然而人君的利益和人民的利益总是矛盾的，要同时又忠于人民，处处为人民着想，自然就要走上“显暴君过”的道路，引起人君的厌恶。这就是杜甫为什么越要忠君反而离开人君越远，只落得个“朝廷记忆疏”的缘故。然而这种疏远，对作为一个诗人的杜甫来说，是有好处的，因为使他有可能在更大的程度上突破这一落后思想的局限而成为一个伟大的人民诗人。

不成问题，忠君思想以及片面地把杜甫这种思想作为“美德”来加以鼓吹的谬论，正是封建性的糟粕，都必须批判。但在批判的同时，我们也必须针对不同的历史条件和不同的历史人物进行具体分析，才能给以合理的说明和恰如其分的处理，才不致引起不应有的误解。

现在，我们再来叙述杜甫的进步思想。正面地来发掘并阐明这些思想对杜甫作品所起的积极推动作用，才是我们的主要任务。因为任何一个作家都是根据一定的世界观、一定的社会理想和美学理想来反映现实的，因之在正确地反映现实的创作过程中，作者的先进世界观具有特别重要的意义。杜甫的进步思想，分析地说，约有下列几种：

1. 人道主义的思想

这是杜甫的基本思想。《诗经》上说的“哿矣富人，哀此茕独”；孟轲说的“老吾老以及人之老，幼吾幼以及人之幼”“亲亲而仁民，仁民而爱物”以及所谓“人饥己饥，人溺己溺”等，便是他这一思想的传统根源。在读书游历时期还只是一点苗头，还只是书本子上的，困守长安以后，才得到蓬蓬勃勃的发展。

确实是少见的，在诗人杜甫一生中，大而对于国家人民，小而对于妻子、弟妹、朋友，一直到犬、马、鸡、鱼、虫蚁等物类，都无不贯彻着这一思想和精神。比如，他感激他座下的一匹老马说：“乘尔亦已久，天寒关塞深！尘中老尽力，岁晚病伤心。”（《病马》）他像爱知己的朋友似的爱他的一条老狗：“旧犬知愁恨，垂头傍我床。”（《得舍弟消息》）他同情他养的鸡："家中厌鸡食虫蚁，不知鸡卖还遭烹！"（《缚鸡行》）甚至秋收筑场他还关心蚂蚁的命运："筑场怜穴蚁！"（《暂往白帝复还东屯》）

但是，我们不要因此误会以为杜甫是一个庸俗的人道主义者。不是的。他的人道主义，包含着以下两种极为可贵的进步因素：第一种是自我牺牲的利他主义精神。他常"自比稷与契"，他也要治国平天下，但他却不像孔丘、孟轲那样俨然以救世主自居的姿态出现。为了不幸的人们的幸福，他是愿意牺牲自己的生命的。最足以显示杜甫这种深刻的人道主义精神的作品，便是那首对后来读者一贯地起着良好教育作用的《茅屋为秋风所破歌》，这首歌的最后几句是：

> 安得广厦千万间，
> 大庇天下寒士俱欢颜。
> 风雨不动安如山。
> 呜呼！何时眼前突兀见此屋？
> 吾庐独破受冻死亦足！

所谓"大庇天下寒士俱欢颜"和他在另一首诗中说的"各使苍生有环堵"的精神实际上是一致的。穷书生和穷苍生在杜甫看来正是一路人。白居易《新制布裘》诗：“安得万里裘，盖裹周四垠。稳暖皆如我，天下无寒人！”又《新制绫袄成感而有咏》诗：“争得大裘长万丈，与君都盖洛阳城！”便是从杜甫得到启发和教育的。但深度热度不及杜甫。白只是推己及人，杜甫则是舍己为人。

杜甫还有《凤凰台》诗，也是最好的佐证，诗云：“安得万丈梯，为君上上头。恐有无母雏，饥寒日啾啾。我能剖心血，饮啄慰孤愁。心以当竹实，炯然无外求。血以当醴泉，岂徒比清流？所重王者瑞，敢辞微命休？坐看彩翮长，举意八极周……再光中兴业，一洗苍生忧！”像这种自我牺牲的精神实在是历史上少有的。可以说，一部杜诗，便是杜甫“我能剖心血……一洗苍生忧”的实践。

另一种进步因素是善恶分明，爱憎分明。杜甫是人道主义者，却不是庸俗的阿弥陀佛式的慈善家。他对待一切事物，并不是“一视同仁”“无可无不可”，而是有爱有恨，并且爱也爱得深刻，恨也恨得到家。他曾一再宣称：“疾恶怀刚肠！”（《壮游》）“疾恶信如仇！”（《除草》）对于贫苦的劳动人民和寡妇，他能够做到“药许邻人斸”（《归溪上有作简院内诸公》），能够做到“拾穗许村童”（《暂住白帝复还东屯》）、“遗穗及众多”（《张望补稻畦水归》），能够做到“枣熟从人打”（《秋野》）、

“堂前扑枣任西邻”（《又呈吴郎》），能够做到“减米济同舟”（《解忧》）。而对贵族官僚地主呢，则是毫不容情，把他们看成“俗物”，有时竟骂他们为“盗贼”、为“蟊贼”。并认为“必若救疮痍，先应去蟊贼！”把他们除去。由此可见，杜甫只有对人民才“人道”，对于危害国家人民的人，他并不“人道”，而是鄙视、仇视。杜甫曾将他这种爱憎分明的人道主义精神概括成如下的有着象征意义的两句诗：“新松恨不高千尺，恶竹应须斩万竿！”（《将赴成都》）大家知道，我们敬爱的陈毅同志 1959 年再游草堂时，曾亲笔书写这两句诗，并题记说：“此杜诗佳句，最富现实意义，余以千古诗人，诗人千古赞之。”

当然，由于历史条件、阶级出身的限制和所受儒家的忠君思想的影响，杜甫的人道主义思想也有缺点，那就是他的所谓善恶，他的爱憎，还不可能完全正确地坚定地站在劳动阶级的立场和观点上。因此，他同情苦难的人民，有时也同情那被胡人杀剩的落魄的王孙（见《哀王孙》）。站在民族的立场上，这同情是可以谅解的。但说什么“高帝子孙尽隆准，龙种自与常人殊”，那却是道地的封建意识了。这和秦末农民起义领袖陈涉所说的“王侯将相，宁有种乎？”显然是不同的。因此，他的人道主义，虽带有革命的性质，还不能成为革命的人道主义。因此，在解决社会矛盾的政治主张上，他还是要采取由上而下的施行人道政策的办法来缓和阶级矛盾，如减轻赋税，平均力役，禁止贪污勒索等，而不同意实行由下而上的阶级革命。

2. 热爱祖国的思想

一个真正的人道主义者，也必然是一个热爱祖国的民族战士。杜甫这一思想的历史根源，自然也是儒家。孔丘曾赞美过管仲，说“微管仲，吾其披发左衽矣”！（《论语》）又曾赞美过童汪锜，说他“能执干戈以卫社稷”，他作的《春秋》，也旨在阐明“攘夷”的大义。杜甫显然受了这种学说的影响，所以他有着坚强的民族自尊心和反侵略的斗争性。但这一思想的成熟与发扬，则是跟他的生活，特别是那一段亲受亡国痛苦的陷贼生活有关。他的热爱祖国，热爱民族是有行动上的表现的。为了祖国的光复，当他沦陷在长安时，曾不顾生死，回到祖国的怀抱，所谓“生还今日事，间道暂时人”！（《喜达行在所》）我们绝不可以把“麻鞋见天子，衣袖露两肘”（《述怀》）这样一个炽热的爱国主义者的庄严形象，片面地简单地只看作是杜甫对李唐一姓的效忠。

我们知道，杜甫是一贯地反对战争的，可是当自己祖国受到侵略时，他却坚决主张并实行宣传抗战。这正是他的爱国思想的具体表现。不难知道：一个热爱祖国的人，同时也必然是一个痛恨侵略者的人。这就是为什么自从安史之乱以后，杜甫诗中开始出现了大量的“羯胡”“胡虏”“犬戎”等字样的原因。在这类名词里面诚然不免带有狭隘的大汉族主义意味，然而主要的还是爱国主义精神。因为在安史之乱以前，杜甫诗中从没有出现过这类不恭敬的字眼，可见他对于其他民族，原没有什么卑视和恶感，这些字眼，乃是在反对侵略这一特定的情况下才使用的。李白，毕竟是一位伟大的爱国诗人，毕竟是杜甫的好朋友，因为只有在他的诗集中我们才发现有类似杜甫的情况。（按：岑参诗中亦不乏此例）因此，我以为对这些字眼，应当历史地实事求是地把它看成一个爱国诗人应有的愤慨，而不应做一般的理解。（我的意思当然不是说狭隘的民族主义的思想不须批判。这完全是两回事。）

杜甫爱国的热情是动人的。他经常关心祖国的命运。他为祖国的灾难而失眠：“不眠忧战伐，无力正乾坤！”（《宿江边阁》）他为祖国的安危而落泪：“向来忧国泪，寂寞洒衣巾！”（《谒先主庙》）“安危大臣在，不必泪长流！”（《去蜀》）以至于吃药都不见效验：“叹时药力薄，为客羸瘵成。”（《同元使君春陵行》）有时看见或听见国家有什么好现象好消息，他便会欢喜得掉下泪来。如《闻官军收河南河北》：“剑外忽传收蓟北，初闻涕泪满衣裳！”总之，杜甫的呼吸，杜甫的脉搏，经常是随着祖国的命运而起伏着、跳动着的，他的喜怒哀乐是和祖国的存亡治乱相适应的。

杜甫的爱国思想，还表现在他对于祖国山川的热情歌颂上。凡是走过的地方，他都有题咏。我们可以引《岳麓山道林二寺行》中的两句诗来做概括的说明："一重一掩吾肺腑，山鸟山花吾友于（兄弟）。"

前面说过，杜甫的忠君原是和爱国相结合的。其所以如此，在这里，我想指出另一历史原因，这就是：当时皇帝即代表国家；而杜甫本人也是这样看的（和杜甫同时的诗人储光羲有一首题为《登秦岭作，时陷贼归国》的诗，其所谓"国"，亦即指李氏王朝）。所以在他一些充满报国热情的诗句中常常屡有忠君的意味，例如："时危思报主，衰谢不能休！"（《江上》）又如："天地日流血，朝廷谁请缨！济时敢爱死？寂寞壮心惊。"（《岁暮》）对于这一类诗，我们不能只看一面，或只看表面的词句，认为"报主"，就只是报效君主，"朝廷"就只是那个设在大明宫里的李氏王朝。

3. 热爱人民的思想

这是杜甫人道主义、爱国主义思想的核心。这一思想，也是以儒家的"民为邦本"为根据，杜甫曾把它化为一句五言诗：

"邦以民为本。"(《送顾八分适洪州》)这一思想在他早年便已有了，但也是随着他的生活的发展而发展着的。明末理学家陈白沙说："拾遗苦被苍生累，赢得乾坤不尽愁。"(见《杜诗详注·诸家咏杜续编》)这话倒没有说错。

的确，杜甫是无时无地不关心人民的。正如他自己所说："穷年忧黎元，叹息肠内热。"(《赴奉先咏怀》)所以，当天旱时，他想到的是人民："雨降不濡物，良田起黄埃。……万人尚流冗，举目惟蒿莱!""念彼荷戈士，穷年守边疆!"以至于"对食不能餐"!(《夏日叹》《夏夜叹》)当闹水灾时，他想到的也是人民："应沉数州没，如听万室哭!"(《三川观水涨》)

为了关心人民，他中岁以后，经常失眠流泪："落日悲江汉，中宵泪满床!"(《题瀼西草堂》)为了关心人民，他有时对着湖光山色、鸟语花香、清风朗月，一般人所谓"赏心乐事"，会无端地流起泪来，例如："晓莺工迸泪，秋月解伤神!"(《赠王侍御》)"江月光于水，高楼思杀人!"(《江月》)"花近高楼伤客心，万方多难此登临!"(《登楼》)"戎马关山北，凭轩涕泗流!"(《登岳阳楼》)为了祈望人民能够过着像开元时一样比较安定的生活，他会在宴会时好好地叹起气来："三叹酒食旁，何由似平昔!"(《白水崔少府高斋》)

由于热爱人民，杜甫不但随时注视和同情人民的痛苦，而且经常把人民的痛苦放在第一位，放在自己切身的痛苦之上。他是忘我的。例如他自己饿死了孩子：“入门闻号咷，幼子饿已卒。”然而他却想到比自己更苦的农民和士兵：“默思失业徒，因念远戍卒。忧端齐终南，澒洞不可掇！”（《赴奉先咏怀》）他自己全家流离道路，然而他却说：“此身免荷殳，未敢辞路难！”当他在“三年奔走空皮骨”之后由梓州回到成都草堂时，生活已形好转，然而他却说：“敢为故林主？黎庶犹未康！”（《四松》）当他临死前一年，这时他自己不但困苦不堪，而且一身病痛，但当他泊舟湖南的花石戍时，他还特意拄着拐杖，走着“古樵路”，去考察了一个村子。当他看到善良的老百姓逃亡一空，可是生产工具还好好地存放在家里，所谓“罢（疲）人不在村”“农器尚牢固”这一景象时，他做出了他的结论：“谁能叩君门，下令减征赋！”（《宿花石戍》）杜甫的爱人民，真是到了叫人感动的地步，真有“先天下之忧而忧，后天下之乐而乐”的伟大精神！

由于热爱人民，杜甫在政治思想上，接受了儒家提倡的“德治”和“仁政”的主张，反对商鞅的严刑峻法。“水深鱼极乐，林茂鸟知归。”（《秋野》）便是这种仁政思想的形象表达。对于一切危害人民的社会现象，如非正义的战争、剥削讹诈、贪污浪费、奸淫掳掠以及神怪迷信等，他都一律加以反对。且进而攻击制造这些现象的人民的敌人，包括皇帝、宰相、军阀、官吏以及外族侵略者。他用反话讽刺皇帝的假仁假义：“天子多恩泽，苍生转寂寥！”（《奉赠卢五丈参谋琚》）他痛恨贪官污吏，认为：“必若救疮痍，先应去蟊贼！”（《送韦讽》）他大骂统治阶级利用迷信蒙蔽人民：“惜哉俗态好蒙蔽，亦如小臣媚至尊。”（《石笋行》）他指出要防备水灾得依靠人民的力量：“终借堤防出众力……诡怪何得参人谋！”（《石犀行》）为了人民，对于危害人民的自然现象和“天神”他也忍不住他的愤怒的斥责。譬如雨下得多了，他就说：“安得诛云师？畴能补天漏？”（《九日寄岑参》）剑阁的险峻，利于军阀割据，给人民带来灾难，他便大骂上帝，要把它划平：“吾将罪真宰，意欲刬叠嶂！”（《剑门》）假如我们拿李白“刬却君山好，平铺湘水流。巴陵无限酒，醉杀洞庭秋”的诗句和杜甫的诗相比较，我们就不难看出他们二人之间的差异。他们的想法，可以说是一样的，都充满着一种浪漫主义精神，然而动机目的却不相同。杜甫是从现实、从国家人民的利益出发的。［按：宋人黄彻《䂬溪诗话》（卷一）已曾将李杜二人的诗句做了对比，他也认为杜诗“意在削平僭窃，尊崇王室”，而李白的“刬却之语，但觉一味粗豪”。这种寻章摘句的对比法，诚不足为训，但仅就这里所引证的诗句而论，还是符合实际情况的。］

正是由于热爱人民，使杜甫觉得有做官的必要（当然，我并不是说他就毫无个人打算，但不是主导的方面）。他认为要给人民做点好事，就得自己做个好官，把皇帝变成个好皇帝，所以他说："致君尧舜上，再使风俗淳！"（《奉赠韦左丞丈》）既要"致君"，就得向"君"接近，否则便无法去"致"。所以杜甫并不拒绝做官。他的弃官不做，是觉得自己无能为力，所谓"恨无匡复姿"因而"聊欲从此逝"的。而且当他自己感到"致君时已晚"（《赠比部萧郎中》）、"致君君未听"（《奉酬薛十二丈》）的当儿，还把这"致君"的政治愿望寄托在朋友身上，如《暮秋枉裴道州手札》诗云："致君尧舜付公等，早据要路思捐躯。"什么是"思捐躯"？就是准备牺牲自己的生命。既然他希望朋友"捐躯"，这就足见他自己的从政，也不是为了个人利益，和一般热衷的官僚贪生怕死、阿谀取容有很大的区别。近来有同志割取杜甫困守长安时由于陷于"穷途"濒于"饿死"所写的一些乞怜式的诗赋，便断言杜甫的做官在很大程度上是为了自己的"向上爬"，不是为了人民。这是非常片面的。如果真是为了自己，他就不会主张"捐躯"。一个人连自己的命都不要了，还能说他是为了自己吗？

当然，杜甫的爱人民同样有其局限性。这就是他把一切善良愿望都寄托在皇帝和朝廷，认为要使人民安居乐业只有通过皇帝。所以说："几时高议排金门，各使苍生有环堵？"（《寄柏学士》）所谓"金门"，即金马门，也就是所谓"君门"。"高议排金门"，即向皇帝提出好的建议要求皇帝批准。他不赞成人民自己动手用武力来打破封建压迫和剥削的镣铐，所以他说："劝其死王命，慎莫远奋飞！"（《甘林》）什么是"远奋飞"呢？这就是远走高飞，"铤而走险"，也就是起义。所谓"死王命"，也就是唯王命是听，死也不要反抗，这里明显地表现了杜甫的历史局限性和阶级局限性。

4. 热爱劳动的思想

当然，远在杜甫那样的封建时代，他还不可能认识劳动创造了人类，创造了世界的伟大意义。但由于他的生活经验，特别是晚年亲自参加劳动的生活实践，他已完全认识到生产生活资料的劳动对人生的首要意义。所以他说："谷者命之本！"（《张望督促东渚耗稻》）又说："浮生难去食！"（《赠王侍御》）因而他总是这样期望着："焉得铸甲作农器，一寸荒田牛得耕！"（《蚕谷行》）

这一思想，在杜甫思想领域中虽不是主要的，却是十分可贵的；虽不是很早就有了的，却是前进的新生的。因为他突破了儒家的传统思想的范围，在一定的角度上和"儒家者流"走着相反的道路。这表现在：

第一，他不轻视体力劳动。儒家一贯轻视体力劳动，例如孔子的学生樊迟请“学稼”“学圃”，孔丘竟痛斥他为“小人”；孟轲更明显地以“劳心”为“大人之事”，“劳力”为“小人之事”。孔、孟都轻视劳动，所以他们也都不屑从事劳动。

杜甫不是这样。他既“学稼”，也“学圃”，他是“老农”，也是“老圃”。他丝毫没有以劳动为可耻的意识，相反地，倒以自己有时因病不能从事劳动为遗憾：“恨无抱瓮力，庶减临江费。”（《雨》）他对劳动的热情很高，不像宋之问那样“归来物外情，负杖阅岩耕”，也不像王维那样“倚杖柴门外，临风听暮蝉”，只是拄着手杖欣赏他人的劳动。他是欢喜自己来动手的。这从以下的一些诗句可以得到充分的证明：

独绕虚斋径，常持小斧柯。（《恶树》）
自锄稀菜甲，小摘为情亲。（《有客》）
枣熟从人打，葵荒欲自锄。（《秋野》）
荷锄先童稚，日入仍讨求。（《除草》）

可见他是不知疲倦地在劳动着。杜甫曾经为他自己画了一幅劳动小影：“细雨荷锄立，江猿吟翠屏。”（《暮春题瀼西草屋》）

从这两句诗里，在一定程度上，从杜甫已有的对劳动的初步认识和长期的参加劳动的生活实践来看，我们可以这样说，杜甫是感到一种劳动的美和劳动的诗意的。至少，他是不认为“扛锄头”是什么可耻的“小人之事”。否则，他大概不会把它写进诗里去。(参看“杜甫的生活”一章)

第二，他不轻视体力劳动者。这和前一条有连带关系。孔、孟轻视劳动，自然也就轻视劳动人民，杜甫爱劳动，因而也就爱劳动人民。所以他对于农民，有深厚的好感（如《遭田父泥饮》)，对待自己家里的雇工（在夔州时)，也是出于一种带有民主和平等精神的态度，完全尊重劳动者的人格。例如有一次他派仆人“信行”上山去修理水筒，信行到天快黑才回来，杜甫在《信行远修水筒》一诗中写道：“日曛惊未餐！貌赤愧相对!”这态度是何等亲切！何等谦和！更没点儿主子的架子！杜甫曾很坦白地把他对劳动人民的爱和他对官僚们的恨做了一个鲜明的对比：“不爱入州府，畏人嫌我真。及乎归茅宇，旁舍未曾嗔。”(《暇日小园散病》) 所谓“旁舍”就指的劳动人民。劳动人民欢喜他，也就是他爱劳动人民的反映。在一千多年前的封建时代，杜甫这种进步的思想意识和高尚人格，应该说，是值得我们提出加以表扬的。

5. “无贵”“无富”的幻想

由于艰难生活的亲身感受，由于生活经验的丰富，杜甫到了晚年，对社会现实更有进一步的认识。他看出了社会的罪恶——也就是人民痛苦的根源，是在于社会上人与人之间存在着贵贱贫富的压迫和剥削。所以他在晚年写的《述怀》诗中曾这样提出他的社会理想：

> 无贵贱不悲！无富贫亦足！

假如我们用他自己的诗句来做说明，那就是：没有“朱门酒肉臭”，也就不会有“路有冻死骨”。

这虽然只是一个幻想，杜甫也没有提出任何“无贵”“无富”的办法，但毕竟是一个美好的幻想，充分表现了杜甫对人类的深刻而真诚的热爱，还是值得我们重视，值得我们提出的。很明显，杜甫不是站在“贵者”“富者”的立场上而是站在“贱者”“贫者”的立场上来提出问题的。他这种意在取消压迫取消剥削的带有革命性的意识的宣扬，是对统治阶级剥削阶级不利而对人民有利的，因为“剥削者所关心的，是力图使普通人不知道民主主义和社会主义的思想，不知道崇高的理想和渴望”（艾利斯伯格：《俄国讽刺文学古典作家与苏联文学》）。

再从传统观念来看，杜甫这种说法，也是有进步意义的。我们知道，孔丘、孟轲一般儒家，都把贵贱贫富的等级看成天经地义的社会原则，他们为了掩盖阶级压迫和剥削的真相，认为“富贵”是“在天”的，认为劳力者是应该被压迫被剥削，应该养活别人的。杜甫却揭穿了这种禄命生成论的鬼话，并要划除这种现象，自然有它的进步性。

加里宁说：“我们的旧的文学和艺术之所以伟大，不仅因为它们具有艺术的真实性，而且更因为它们不断地在寻找美好的道路，人们美好的生活制度。当然，现在我们可以说，那时人们错了，走的路不对，以及诸如此类的话。但有一件事到底是事实，那就是：它们曾经寻找过新的道路。苏联的艺术和文学应该好好地承受这个高尚的传统。”（《加里宁论文学》，第77—78页）对于杜甫的这种幻想，我们也应从这一角度来估价。而且从社会发展的总的方向来说，他并没有想错。

以上，我们分析地叙述了杜甫的五种思想。它们并不是彼此孤立，而是有其内部联系，有其发展过程的。比如说，一个真正的人道主义者，就必然会热爱祖国、热爱人民、热爱劳动，就必然会反对人压迫人、人剥削人、人吃人的社会制度。反过来，一个热爱祖国、热爱人民的人，也就必然是一个伟大的人道主义者。

要知道，不是别的，正是这些进步思想，以及由此而形成的高尚人格，武装了杜甫，使杜甫能够同情人民疾苦，反映人民生活，敢于向丑恶的残酷的现实做斗争，敢于斥责剥削者和侵略者，从而使得他的作品具有无比的鲜明的人民性和爱国精神，使他成为我国历史上一位伟大的爱国诗人、人民诗人。

不是别的，正是这些进步的世界观，决定了杜甫的忠于现实的创作态度和创作方法。世界观和创作方法的一致性，在杜甫身上，真是体现得再明显不过了。有人却硬说作家的世界观和创作方法是二元的、不一致的，硬说作家的创作方法是不受世界观的制约和指导的，并硬说什么“真实的现实主义的创作方法能够补足作家底……世界观上的缺陷”。事实上，这种独立于作家世界观之外的纯粹抽象的所谓“现实主义的创作方法”是根本没有的。杜甫的存在，便是一个铁证。他的“光芒万丈长”的现实主义的诗篇，乃是从他那种“穷年忧黎元”的进步思想以及在这种进步思想指导下的现实主义的创作方法所创作出来的。

我们知道，“存在决定意识”，可是，意识也反作用于存在，它有它的相对的独立性与能动性。所以，一个思想落后的，一个对祖国对人民漠不关心的作家，即使他有机会接触到社会的现实，看到人民的痛苦，也将是“熟视无睹”“无动于衷”的。在这种情况下，他根本不想去反映什么现实，自然更说不上忠实地反映现实。王嗣奭评杜甫“三吏”“三别”曾说过几句很有意思的话，他说：“上数章诗，非亲见不能作；他人虽亲见，亦不能作。公往来东都，目击成诗，若有神使之，遂下千年之泪。”为什么“他人虽亲见，亦不能作”呢？用我们现在的话来说，很明显，这就是一个思想问题。我们前面屡次提到的诗人王维，便是这样一个现成的人证。

四、杜甫的作品

> 百年歌自苦，
> 未见有知音！
>
> 杜甫：《南征》

关于杜甫的作品，我们分作以下三个部分来叙述：（一）几点与创作有关的说明；（二）杜甫作品的人民性；（三）杜甫作品的艺术性。

（一）几点与创作有关的说明

如我们以上各章所述：杜甫的时代、生活和思想，杜甫将创作出怎样的作品，我们已不难想象。但在接触到杜甫作品本身之前，我觉得杜甫在学习和创作等方面有几个优点得先说明一下，因为和杜甫的艺术成就有着不可分割的关系；同时也可以作为一种创作经验来吸收，有一定的现实教育意义。这几个优点是：

1. 高度的重视和热爱

杜甫把诗看得很高，很重要，很有用。他把作诗看成不朽的事业，所以说“文章千古事”（《偶题》），看成自己祖传的事业，所以说“诗是吾家事”（《宗武生日》），看成是自己的终身事业和生命的一部分，所以说“自吟诗送老”（《宴王使君宅》）。的确，杜甫从七岁时起一直到死就从没间断过他的写作，晚年漂泊夔州，一身是病，还策励自己说：“他乡阅迟暮，不敢废诗篇！”（《归》）

杜甫为什么这样重视诗热爱诗呢？这是因为他把诗看成是一种最好的表现形式，认为诗这一形式可以用来作为表现他的一切思想感情生活经历的主要手段。事实也是这样：他用诗来“为民请命”“致君尧舜”，用诗来“陶冶性灵”“排闷遣忧”，用诗来写社会历史、写人物传记（如《八哀》等），写奏议（如《北征》等），写寓言（如《义鹘行》等），写赠序（如《短歌行赠王郎》等），写书札（如《萧明府处觅桃栽》等），写自传（如《壮游》等）和游记（如《秦州》诸诗），总之他是无往而不用诗！诗，对杜甫来说，差不多成了万能的工具。前人也曾看到这点，所以有杜甫“以诗为文”的说法。由于重视，由于热爱，因而便多方面地使用，这也就使得杜甫得到多方面的和经常性的锻炼，对于他的诗的写作技术的提高，显然是有帮助的。

2. 虚心的学习

杜甫的学习态度是很虚心的。他不但向今人学，也向古人学。正如他自己说的：“不薄今人爱古人。”（《戏为六绝句》）他绝没有“文人相轻”的恶习。我们知道，唐代是一个重视诗歌的时代，所谓“千首诗轻万户侯”。因之诗人们都想压倒对方，出人头地。杜甫祖父杜审言便是这样一个人物，当他快要死的时候，诗人宋之问等去看他，他却说：“吾在，久压公等，今且死，固大慰。但恨不见替人！”（《新唐书·文艺传》上）王杨卢骆，是所谓“初唐四杰”，但杨炯总是不服气，常对人说：“吾愧在卢前，耻居王后！”（《唐书·文艺传》上）“愧在卢前”，未必；“耻居王后”，倒是实情。又如杨汝士在一次宴会上作得一首好诗，便得意扬扬地说：“我今日压倒元（稹）白（居易）！”（《摭言》）特别恶劣的是薛能，他大言不惭地说：“李白终无取。”又说：“我生若在开元日，争遣名为李翰林？”

从这些事例便可以看出当时的风气。

但杜甫却不是这样。他把“天下第一”奉送给李白。他推崇李白说：“白也诗无敌!”（《春日忆李白》）又赞美他的诗“笔落惊风雨，诗成泣鬼神!”（《寄李十二白》）他称道高适说：“独步诗名在!”（《闻高常侍亡》）当他们死了之后，杜甫还把他们比作“乘黄”（神马）而自比“凡马”，如《遣怀》诗：“忆与高李辈，论交入酒垆……吾衰将焉托？存殁再呜呼！（李白死于762年，高适死于765年）……乘黄已去矣，凡马徒区区!”他称道孟浩然：“清诗句句尽堪传!”称道王维：“最传秀句寰区满!”（俱见《解闷》诗），而对于反映人民疾苦的《舂陵行》的作者——元结，则更大力表扬，说他的作品是：“两章对秋月，一字偕华星!”（《同元使君舂陵行》）

由于虚心学习，所以杜甫很看不惯当时一般轻薄后生那种目中无人、目空千古的狂妄作风。例如他在《戏为六绝句》之一中说：“王杨卢骆当时体，轻薄为文哂未休。尔曹身与名俱灭，不废江河万古流!”这正是杜甫虚心学习和鄙视虚骄的表现。

由于虚心学习，并不一般地鄙薄齐梁，所以他的诗具备了多样的格调，能够集汉以后诗体之大成并加以变化。元稹《杜工部墓志铭》说：“至于子美，盖所谓上薄风骚，下该沈宋，言夺苏李，气吞曹刘，掩颜谢之孤高，杂徐庾之流丽，尽得古人之体势，而兼今人之所独专矣。”这绝不是偶然的。所以，钱大昕在他的《十驾斋养新录》（卷十六）中曾着重地指出说：“杜子美诗所以高出千古者，不薄今人爱古人也。王杨卢骆之体，子美能为而不屑为，然犹护惜之，不欲人訾议，且曰‘尔曹身与名俱灭，不废江河万古流’。以视‘诗未有刘长卿一句，已呼阮籍为老兵；语未有骆宾王一字，已骂宋玉为罪人’者，犹鲲鹏之与蚍蜉矣。”

但是，杜甫的虚心，也不是漫无标准地胡乱学一气，而是批判地吸收古代文学遗产的精华。他告诉我们要向《诗经》的风雅学习，所以说：“别裁伪体亲风雅，转益多师是汝师！”要向屈原、宋玉学习，所以说：“窃攀屈宋宜方驾，恐与齐梁作后尘！”要向汉魏乐府民歌学习，所以说：“纵使卢王操翰墨，劣于汉魏近风骚！”（俱见《戏为六绝句》）杜甫所以能够继承并发扬诗经、楚辞、汉乐府的现实主义的优良传统，是和他这种善于批判的虚心学习分不开的。

3. 认真的创作

杜甫是个天才而又博学的诗人。他自己也常说：“下笔如有神”“诗兴不无神”。但实际上，他下笔时却从不马虎。这从以下一些诗句可以得到证实：

为人性僻耽佳句，语不惊人死不休！（《江上值水如海势》）

陶冶性灵存底物？新诗改罢自长吟。

孰知二谢（谢灵运、谢朓）将能事，颇学阴（铿）何（逊）苦用心！（《解闷》）

赋诗新句稳，不觉自长吟。（《长吟》）

说诗能累夜，醉酒或连朝。（《奉赠卢五丈》）

可见他是怎样地忠实于他的创作。他曾劝告朋友裴迪说：“知君苦思缘诗瘦，太向交游万事慵。”（《寄裴迪》）又《赠阮隐居》诗：“清诗近道要，识子用心苦。”其实杜甫自己也正是一个“苦思”的诗人。又《题李尊师松树障子歌》：“更觉良工心独苦”，《白丝行》：“美人细意熨帖平，裁缝灭尽针线迹”，所有这些，都可以看作杜甫的“夫子自道”。根据他的“病减诗仍拙”和“作诗呻吟内”等诗句，更可见他在病中也还是写诗的，而且对自己的要求还是很严格，在他看来，病既然减轻了，诗就应该写得比病重时要好些。

清人洪亮吉说：“李青莲（白）之诗，佳处在不著纸；杜浣花（甫）之诗，佳处在力透纸背。”（《北江诗话》卷二）这话很对。因为杜甫的诗是从功力中从心血中来的，是所谓“由锤琢而返于自然”的。

当然，单纯的“苦用心”并不就能写出好诗，然而好诗却总得“苦用心”才能写出。这也是为古今中外许多大作家所证实着的。杜甫就正是这样的一个作家。因此，我们读杜甫诗也得认真地读，不能囫囵吞枣，走马观花。

以上三点都是杜甫的优点，值得我们借鉴，所以首先提出来加以说明。

（二）杜甫作品的人民性

由于杜甫所处的安史之乱的时代，是一个人民灾难深重也是人民力量显露的时代，由于杜甫的生活，是一种艰难的也是接近人民的生活，由于杜甫的思想，是一种以热爱祖国、热爱人民为其核心的思想，当然，也由于杜甫接受了文学遗产的优良传统，这就自然而必然地形成了杜甫作品中丰富而明显的人民性。

这人民性，在杜甫死后不久，大诗人白居易就曾为他指出过。白居易并根据了这人民性作为衡量一切诗歌的标准尺度，严格地批判了过去的那些脱离现实、脱离政治的作家和作品，特别是齐梁以后“嘲风雪、弄花草”的东西。即此可见杜诗人民性的显著。

当然，我并不是说所有杜甫的一千四百多首诗都是具有人民性，然而，我们知道，人民性是衡量一个作家的崇高准则，是“一本书的最大的光荣”（恩格斯语，引自《文学的人民性》），因此，我们只提出这一方面来谈一谈。正如同“人民是不死的”一样，一个有人民性的作家，一篇有人民性的作品，也将是不朽的。

杜甫诗的人民性，真如“日月经天，江河行地”，可以说是有目共睹，人所熟知的。在他的“古体诗”中，固然鲜明，即在他晚年写得最多的“近体诗”中，这种人民性的光辉也不时地闪烁着。大家似乎都有这样一个经验，就是对于一般古典作家的诗，我们往往需要费力地甚至苦恼地去发掘它的人民性。可是，对于杜甫的诗，我们却用不着费那么大的牛劲。但这也并不等于说，我们就完完全全地懂得了杜甫诗的人民性。我以为杜甫诗的人民性，至少有以下三大特征，即：广阔性、深刻性与真挚性。现依次叙述。

1. 广阔性

这是杜诗人民性第一个特征。一部杜诗，是他自己的一部自传，也是他所生活着那个时代的忠实记录。这主要是由于杜甫有着丰富的生活经验，深入的社会实践，所以能够把一个时代的社会生活，特别是人民的生活织入和化成自己的传记。自唐以来，大家就一致公认杜甫的诗是“诗史”，这是非常确当的称号。因为他利用他的诗笔画出了一系列的广大人民的生活图画，有时是“泼墨”，有时是“工笔”。这些图画，不是片段的，而是连续的；也不是局部的，而是具有全民性、全国性的。他的确是一个“时代之子”。

现在我们就来看一看杜诗人民性的广阔程度吧。首先，这表现在他广泛地反映了人民的痛苦生活。例如《兵车行》《前出塞》《后出塞》“三吏”“三别”《悲陈陶》《悲青坂》《岁晏行》《遣遇》等，几乎每一篇诗就是一出悲剧。

从上举这些诗中，一方面我们可以看到人民被压迫、被屠杀的惨状。在安史之乱以前，唐帝国就已实行强迫征兵，如《兵车行》说：“或从十五北防河，便至四十西营田。去时里正与裹头，归来头白还戍边。”《前出塞》的那个士兵，是“从军十年余”，《后出塞》的那一个也是“跃马二十年”，可见当时府兵制已名存实亡，人民一服兵役就是一二十年甚至一辈子。但所征的还是壮丁，没有儿童；还是男子汉，没有妇女。到了安史之乱以后，统治者为了保持他的统治地位，手段更毒，情况也就更惨，特别是斗争激烈的陕西和河南一带。《羌村》第三首说："兵革既未息，儿童尽东征!"什么是"尽"，就是一个不留。《新安吏》也说："府帖昨夜下，次选中男行。"可见这时，"中男"（十六岁）和"儿童"（指十四五岁的）都被赶上了战场，壮丁就别说了。又《垂老别》说："子孙阵亡尽，焉用身独完?"可见"行将就木"的老头子也不能幸免。最惨的是连老太婆也被抓走了，《石壕吏》说："老妪力虽衰，请从吏夜归。"人民不但受到"胡兵"的屠杀奸淫，如《述怀》所云："近闻同罹祸，杀戮到鸡狗"，而且受到"官军"的屠杀奸淫，如《三绝句》之一说："闻道杀人汉水上，妇女多在官军中。"这些惨绝人寰的情况都是所谓"正史"所没有的。

另一方面，我们还可以看见人民被剥削、被搜括的惨状。在"庶官务割剥"（《送韦讽》）、"索钱多门户"（《遣遇》）和"一物官尽取"（《枯棕》）的情形下，人民是一无所有的："高马达官厌酒肉，此辈杼轴茅茨空!"（《岁晏行》）人民就连糠籺也吃不上："乱世诛求急，黎民糠籺窄!"（《驱竖子摘苍耳》）妇女们则是连裤子也没的穿："出入无完裙。"（《石壕吏》）为了缴纳租赋，人民不得不出卖儿女："况闻处处鬻男女，割慈忍爱还租庸!"（《岁晏行》）剥削者的剥削是无孔不入的，他们连"丈夫死百役"的寡妇也不肯放过，以至于："征戍诛求寡妻

哭！”（《虎牙行》）

正是由于当时这种残酷的压迫和剥削，使得人民过着血泪的生活，同时也使杜甫的诗饱含了人民的血泪。所有这些血泪，无论是安史之乱以前的，特别是安史之乱以后的，杜甫都一一记录在案。我们先来看看当时人民所流的血：

> 边庭流血成海水，武皇开边意未已。（《兵车行》）
> 孟冬十郡良家子，血作陈陶泽中水。（《悲陈陶》）
> 积尸草木腥，流血川原丹。（《垂老别》）
> 谈笑行杀戮，溅血满长衢。（《草堂》）

真是“天地日流血”了。我们再来看看当时人民的眼泪，听听当时人民的哭声：

> 牵衣顿足拦道哭，哭声直上干云霄。（《兵车行》）
> 弃绝父母恩，吞声行负戈。（《前出塞》）
> 夜久语声绝，如闻泣幽咽。（《石壕吏》）
> 老妻卧路啼，岁暮衣裳单。（《垂老别》）
> 白水暮东流，青山犹哭声。（《新安吏》）
> 巴人困军须，恸哭厚土热。（《喜雨》）

哀哀寡妇诛求尽，恸哭西原何处村？（《白帝》）

大麦干枯小麦黄，妇女行泣夫走藏。（《大麦行》）

路衢惟见哭，城市不闻歌。（《征夫》）

嗟尔远戍人，山寒夜中泣！（《龙门镇》）

歌罢仰天叹，四座泪纵横。（《羌村》）

故老仰面啼，疮痍向谁诉？（《雷》）

野哭千家闻战伐，夷歌是处起渔樵。（《阁夜》）

从这些诗句中，我们可以看见不同的哭者的形象，有士兵，有农民，有老汉，有儿童，有妇女和寡妇；从这些诗句中，我们还可以听见不同的哭调，有“吞声”，有“幽咽”，有“恸哭”，也有爷娘妻子哭成一团的震天大哭。他们有的“拦道”，有的“卧路”，有的“仰面”，有的一边走一边哭（行泣）。所有这些血泪，这些哭声，杜甫都一一看在眼里，听在耳中，痛在心头，写在纸上。

其次，这种广阔性，还表现在他广泛地、无微不至地反映了人民的各种愿望。针对不同的具体情况，从人民的观点，提出具体的要求。他知道，给人民带来灾难，最主要的便是战争。所以他坚决反对。在安史乱前，他就反对统治阶级发动的侵略战争。《前出塞》说：“君已富土境，开边一何多！”又说：“杀人亦有限，列国自有疆。苟能制侵陵，岂在多杀伤?”在安史乱中，为了保卫祖国，他一方面积极地主张抗战，但也总是期望战争能早日地胜利结束。当759年，长安、洛阳刚克复，乱子还未平定时，他在《洗兵马》中便已这样地祈祷说：“安得壮士挽天河，净洗甲兵长不用!”又《晦日寻崔戢》：“思见农器陈，何当甲兵休?”

杜甫是亲眼看见人民被剥削的惨状的，所以他反对统治者过分的诛求，要求统治者能够“下令减征赋”！反对贪官污吏们的巧立名目，额外勒索，他以沉痛而充满仇恨的口吻对他们说：“难拒供给费，幸哀渔夺私!”(《送杨监赴蜀见相公》）有时，他也以一种教训的口吻要求他们自身能够做到“洁白”，对于一切赋税和徭役的摊派能够做到“平均”，如他在《送路使君》一诗中便用教训的口吻对路使君说：“众僚宜洁白！万役但平均!”

可是，杜甫同时也清楚地看出：生产的破坏，剥削的加剧，贪污勒索的层出不穷，都是和战乱密切关联着的，所以他总是希望能将武器变作农具：“锋镝供锄犁!”“焉得铸甲作农器!”希望农民都能从事生产：“土著还力农!”(《往在》）并曾经屡次提出了他的带有综合性的口号。例如：“安得务农息战斗，普天无吏横索钱！”(《昼梦》）又如：“销兵铸农器，今古岁方宁！”（《奉酬薛十二丈》）战争一天不停止，生产便一天受到破坏，官吏们也就多一天“趁火打劫”的机会。

除战争之外，造成对人民过分剥削的另一原因，就是统治阶级的奢侈生活。所以杜甫同样坚决反对。在《丽人行》中，杜甫深刻地暴露了杨国忠兄妹荒淫无耻的丑恶生活，在《赴奉先咏怀》一诗中，杜甫更露骨地指斥了当时君臣上下的奢侈浪费。从这些诗中，我们可以看到当时贵族妇女的生活和劳动妇女是完全不同的，她们不是“出入无完裙”，而是“绣罗衣裳照暮春，蹙金孔雀银麒麟”，是穿着云雾般的衣裳，打扮得像神仙一样：“中堂舞神仙，烟雾散玉质。”这班贵族们吃的是：“紫驼之峰出翠釜，水晶之盘行素鳞”“劝客驼蹄羹，霜橙压香橘”，还有那用“百马死山谷”（《病橘》）的代价由南海献来的荔枝。他们养的马是“国马”，鸡是“官鸡”，人民连“糠籺”也吃不上，而他们的马却要吃“豆粟”，鸡要吃“稻粱”。他们的“工作”是：“花月穷游宴，炎天避郁蒸。”（《赠汝阳王》）而冬天呢，则是到骊山华清宫去“避寒”。

杜甫知道，“羊毛是出在羊身上”的。统治阶级愈奢侈浪费，人民就愈遭殃。所以，他晚年曾再三再四地、明显地提出“节俭”问题，并说明“节俭”的重要性。比如他对卢侍御说：“俭约前王体，风流后代希。”（《送卢侍御》）又对薛判官说：

“天王（一作文王）日俭德，俊乂始盈庭。”（《酬薛判官见赠》）在《提封》一诗中他用提问的语气刺激统治者说：“借问悬车守，何如俭德临？”悬车，用《国语》“悬车束马，以逾太行”，意思是说险不足恃。在《往在》一诗中则又从节俭的效果来正面开导和勉励统治阶级：“君臣节俭足，朝野欢呼同！”

所有这些反侵略战争，反剥削勒索，反奢侈浪费的主张，都是属于重大的政治问题，都是替人民说话，“为民请命”的，是符合于当时人民的利益，代表了当时人民的呼声，反映了当时人民的渴望，并渗透着人民的思想和情感的。

总之，在杜甫诗中，我们可以找到当时社会生活，特别是人民的生活和人民的愿望最广阔的反映。应该指出，这种广阔性，是他以前的诗人所从不曾有过的。

2. 深刻性

这是杜诗人民性的第二大特征。他这种深刻性，具体地表现在以下几方面：

第一，他公正而大胆地指出了劳动人民创造物质财富的功绩，指出了劳动人民养活了剥削阶级的事实。这样，同时也就鞭挞了鞭挞者。他在那首著名的《赴奉先咏怀》一诗中毫不客气、毫无掩饰地说：“彤庭所分帛，本自寒女出！鞭挞其夫家，聚敛贡城阙!”在这里，杜甫只是以“帛”为例，他当然知道，不只是“帛”，所有“彤庭”的一切乃至彤庭本身的一砖一瓦，都是“本自人民出”的。统治者只是靠了“鞭挞”之威取得这些生活资料来养活他自己和他的爪牙。所以《甘林》诗又说：“时危赋敛数，脱粟为尔挥。相携行豆田，秋花霭菲菲。子实不得吃，货市输王畿。尽添军旅用，迫此公家威!”什么是“公家威”？还不就是“鞭挞”。

毛主席分析了中国封建社会的四个主要特点，其中之一是：“不但地主、贵族和皇室依靠剥削农民的地租过活，而且地主阶级的国家又强迫农民缴纳贡税，并强迫农民从事无偿的劳役，去养活一大群的国家官吏和主要的是为了镇压农民之用的军队。”（《毛泽东选集》第二卷，第594页）杜甫诗所揭露的正是这样的一个特点。

农民养活地主这一客观现实，本来早就存在，但从古以来就很少有人替人民说句公道话。有的“司空见惯”，不以为奇；有的“胆小如鼠”，不敢揭发；也有的视为当然，力图掩盖。最令人气愤的，就莫过于韩愈了。他并不是贵族地主，但为了讨好贵族地主，他竟然明目张胆拥护压迫，拥护剥削，为贵族地主的鞭挞政策撑腰。他在《原道》里说：“民者，出粟米麻丝，作器皿，通货财，以事其上者也。”又说：“民不出粟米麻丝，作器皿，通货财，以事其上，则诛！”好一个“则诛”！在他看来，“鞭挞”似乎还不够！我们知道，韩愈是所谓“文起八代之衰”的古文大家，而他那篇《原道》，在过去几乎所有的知识分子又都读过，这就使得他这种有毒的思想更容易毒害人，更不利于人民，罪也就更大。

把自命为杜甫信徒的韩愈这种反人民的谬论，和杜甫的诗句做一对照，我们就更容易领会杜甫的伟大精神和他的深刻的人民性。

第二，由于当时阶级矛盾尖锐化这一客观现实的存在，也由于杜甫的社会实践和热爱人民，使他不仅能看出社会上存在着两个不同的阶级，而且能看出这两个阶级的矛盾关系。所以，他不是孤立地来同情人民的痛苦，也不是孤立地来讽刺剥削阶级的罪恶，而是如实地把两者结合起来，揭示出这两个不同阶级的两种不同生活之间的密切关联而又相互对立的关系。这样，在客观上也就深刻地反映了封建社会的本质。他经常地把两个不同阶级的生活样式集中在上下两句诗里，用面对面的尖锐的对比手法来显示其间的对立性。例如：

富家厨肉臭，战地骸骨白！（《驱竖子摘苍耳》）

又如：

> 高马达官厌酒肉，此辈（指农民）杼轴茅茨空！（《岁晏行》）

都是上句说剥削阶级，下句说劳动人民，用这种对比的写法来显示二者之间的内部联系。最典型、最突出的例子当然还是那两句千古传诵的名句：

> 朱门酒肉臭，路有冻死骨！（《赴奉先咏怀》）

上面是饮酒食肉的，下面便是“会账”的。在这里，我们不难看出，杜甫所讽刺的并不只是个别的“朱门”“富家”“高马达官”，而是整个剥削阶级，整个封建社会。同样，在这里，杜甫显示给我们的也并不只是两个苦乐不同的阶级的生活现象，而是产生这种苦乐不同的现象的根源——阶级矛盾。他从被剥削者的立场，用被剥削者的眼光，指出了谁是人民的血泪债主，一针见血地戳穿了剥削阶级的寄生性和残忍性。他好像对我们说：你看！剥削阶级的“酒池肉林”是建筑在人民的血泪和白骨之上的！这种尖锐而形象地暴露剥削阶级吃人的本质，对剥削阶级乃至整个剥削社会自然都不利，因为这将激起人民的鄙视、仇恨、斗争！当然有它的深刻的人民性。

不必怀疑：在主观上，杜甫并没有阶级观点，也并不是要激起阶级斗争，他更不可能认识阶级斗争是社会发展的动力。但在某种程度上他似已看出或意识到阶级矛盾的存在。所以尽管他一面安慰人民忍受痛苦，一面却以恶毒的斩截的口吻咒骂朝廷：

> 眼枯即见骨，天地终无情！(《新安吏》)

他又曾以反剔的口吻对人民说：

> 贵人岂不仁？视汝如莠蒿！(《遣遇》)

他似已意识到阶级一天不消灭，人吃人的现象便将一天存在，所以他曾幻想着一个“无贵”“无富”的社会：

> 无贵贱不悲，无富贫亦足。(《写怀》)

顾尔斯坦说：“列宁所指出的在每一个民族文化中存在着的

这些民主主义和社会主义的成分，在本质上，无论它们在文学中表现了多少，就组成了我们所惯称的人民性。”（《文学的人民性》）杜甫在这里所表现的正是民主主义和社会主义的成分。

第三，杜甫不但一般地反映了人民的思想、感情和意志，而且极其深刻地大胆地反映了。说出了人民心坎上的话。深刻的例子，可举《又呈吴郎》为例：

> 堂前扑枣任西邻，无食无儿一妇人。
> 不为困穷宁有此（指扑枣）？只缘恐惧转须亲！
> 即防远客（指吴郎）虽多事，便插疏篱却甚真。
> 已诉诛求贫到骨，正思戎马泪盈巾！

这是何等体贴！何等深刻！他不仅写出了这个寡妇扑枣的行为和恐惧心理，而且从唯物的观点正确地指出这一行为的根源乃是由于“困穷”。并进一步追究“困穷”的来历乃是由于剥削阶级的“诛求”。所以，在这首诗里，不仅饱含着同情，也充满着憎恨。在杜甫看来，寡妇是完全没有罪的，她的扑枣绝不是什么不光荣的“盗窃”行为。他真是贫苦人民的知心朋友！

大胆的例子，我们可举《有感》一诗的末两句为例：

　　不过行俭德，盗贼本王臣！

这真再大胆没有！“盗贼”原是封建统治者对人民的诬蔑，是用来掩盖他们自己的罪恶，作为屠杀起义的人民的借口的。现在，杜甫却指出这是诬蔑，因为他们原来都是善良的老百姓，只是由于你们的骄奢淫逸才“逼上梁山”成了“盗贼”的。你们自己才是真正的盗贼，而且是大盗。在这里，我们就应该深深地领会到杜甫的伟大精神，他为所谓“盗贼”，做了正义的辩护，说出了劳动人民心坎上的话，敢于言人之所不敢言，敢于触犯统治阶级的忌讳。从这一辩护中，可以看出杜甫在一定的程度上也是同情人民的抗恶的。这在那时是非常难能可贵的。

杜甫大胆地反映人民的思想感情，还不限于替人民做了申辩和洗雪，因为他更进一步地把这顶“盗贼”帽子很恰当地转加在统治阶级的头上。他在《送韦讽》一诗中说：“必若救疮痍，先应去蝨贼！”“蝨贼”本是食稻根的虫，这里指的就是残害人民的民贼。在《麂》一诗中也有“衣冠兼盗贼”的话，什么是“衣冠”呢？杜甫自己有说明：“衣冠是日朝天子”“文武衣冠异昔时”，可见这就是那班大地主官僚。立场不同，看法也就不同。杜甫站在农民阶级立场来看问题，所以对于“盗贼”这一名词就有了新的看法，反映了农民阶级的思想感情。（杜诗中的“盗贼”，有的指安史，有的指吐蕃，有的指军阀，含义很不一，应分别看。）当然，杜甫在这里仍然有其局限性，这就是尽管他十分清楚地看出并毫不含糊地说出所谓“盗贼”的真相，但有时还是不免照样称起义农民为“盗贼”，如《喜雨》诗那条自注“时闻浙右多盗贼”，就是指的袁晁起义军。这是因为他的思想还不可能达到否定封建制度的水平，他不是要推翻王朝的。在“官逼民反”的问题上，陈子昂也曾说：“人无生路，安得不为群盗乎？……是乃国家故诱其为乱，使其为贼。”（《上西蕃边州安危事》）但他同样还是称起义人民为“盗贼”。所以我们也不能要求杜甫过高。明末进步思想家李贽在《藏书》中不是仍然把黄巢列入《盗贼传》吗？

第四，杜甫深刻的人民性还表现在对劳动人民优良品质的歌颂方面。不能不使人感到惊异：杜甫几乎是自始至终一贯地对王侯将相和一般士大夫都没有什么好感，而对不识字的劳动人民却是衷心地爱着和赞美着。

现在，我们先说他对待王侯将相的一面。还在他的早年，他对上流社会的虚伪巧诈便已感到憎厌，如云：“二年客东都，所历厌机巧！”（《赠李白》）又如：“野人旷荡无䩄颜，岂可久在王侯间！”（《去矣行》）这种憎厌，随着他的阅历越来越加深，他把王侯们都看成吹牛拍马的东西，如《洗兵马》云：

攀龙附凤势莫当，天下尽化为侯王！

把他们都看成“奸雄恶少”，如《锦树行》云：

自古圣贤多薄命，奸雄恶少皆封侯！

对于那些自我至上主义的士大夫们杜甫也极端鄙视，骂他们为“蝼蚁”，如《赴奉先咏怀》云：

顾惟蝼蚁辈，但自求其穴！

他大骂猪猡一样的“饱食终日，无所用心”的富人们，如《驱竖子摘苍耳》云：“饱食复何心？荒哉膏粱客！富家厨肉臭，战地骸骨白。”然而不论是贵人或富家，他们却又都瞧不起穷人，所谓“肉食哂菜色”！（《赠苏四徯》）这也就无怪杜甫憎恶得宁愿害病也不愿看见这班家伙，所以说：“眼边无俗物，多病也身轻！”（《漫成》）真是讨厌到家了！应附带指出，杜甫所谓“俗物”，并不是指的“老粗”。

可是，我们再来看一看杜甫在对待劳动人民的一面又是怎样的情形吧。在这一方面，杜甫的态度和口吻就完全不同了：

不是憎厌鄙视，而是亲近尊重；不是斥骂讽刺，而是感激歌颂。杜甫仿佛只有在劳动人民身上才发现人的真正的美的品质，仿佛只有在劳动人民那里才能得到称心的安慰和温暖。我们且往下看吧。他歌颂劳动人民（包括妇女在内）的辛勤劳动。如《述古》：

农人望岁稔，相率除蓬蒿。
所务谷为本，邪赢（指商人非法牟利）毋乃劳！

又如《喜晴》诗：

丈夫则带甲，妇女终在家。
力难及黍稷，得种菜与麻。

他歌颂劳动人民的勇敢。如《最能行》：

峡中丈夫绝轻死，少在公门多在水。

又《示獠奴阿段》：

曾惊陶侃胡奴异，怪尔常穿虎豹群。

至于《垂老别》所写的那个“投杖出门去”自动去参战的老农民，和《新婚别》所写的那个劝丈夫“努力事戎行”的新娘子，那更是以沉痛的心情和崇高的敬意来歌颂人民不怕牺牲的爱国义勇的。像下面这些诗句：“子孙阵亡尽，焉用身独完！……此去必不归，还闻劝加餐……何乡为乐土，安敢尚盘桓！”又：“勿为新婚念，努力事戎行！妇人在军中，兵气恐不扬……人事多错迕，与君永相望。”是非常悲壮动人的。

此外，杜甫还歌颂了劳动人民的天真淳朴，大方热情，表现了劳动人民的优美的心灵。尽管他们穷，然而他们却慷慨。对于劳动人民的好感，杜甫很早就有了，这和他的游历生活很有关联。如同对剥削阶级的憎恨一样，这好感，也是随着阅历而日益加深的。我们只要读一读以下的诗句就可知道他对劳动人民那种淳朴的品质是怎样的倾心。他说：

野老来看客，河鱼不取钱。
只疑淳朴处，自有一山川！（《游何将军山林》）
好鸟不妄飞，野人半巢居。
喜见淳朴俗，坦然心神舒！（《五盘》）

当758年，杜甫因得罪李亨（肃宗），回到鄜州的羌村探视家小时，正值兵荒马乱，土地没人耕。可是羌村的父老们在十分困难的情况下，为了对诗人的生还团聚表示欢迎和尊敬，还是带着酒来看望他。这份热情，使杜甫掉了泪，《羌村》第三首写道：

请为父老歌：“艰难愧深情！”
歌罢仰天叹，四座泪纵横。

说这只是诗人的感激，是不够的，这是歌颂。说劳动人民只是给了诗人几壶酒，也是不够的，这是感化教育。（从客观效果上来看，我们必须这样说。）

杜甫对劳动人民的品质的歌颂表现得最全面最突出的是《遭田父泥饮》一诗。在这首诗中，杜甫怀着极大的热情，以轻快的笔调形象地刻画了田父的直爽、豪迈、热情慷慨的典型性格。很像《水浒传》里的鲁智深与李逵。尽管这位田父也称杜甫一声“拾遗”：“今年大作社，拾遗能住否？”但实际上却满不在乎，非常民主。他大声大气地“叫妇开大瓶”“高声索果栗”，为了不让客人走，竟然动起手来，“欲起时被肘”。然而，尽管主人是那样的“指挥过无礼”，我们的诗人却是“未觉村野丑”。他完全陶醉在这位田父的精神世界之中了。他在他家整整喝了一天的酒。我们知道，上面已说过，杜甫是情愿害病也不愿见那班自命“高雅”的“俗物”的。应当指出：这种农民形象，是在所有古典诗人的作品中绝难找到的。

以上四方面，就是杜诗深刻的人民性的具体表现。

3. 真挚性

这是杜甫作品中人民性的第三个特征，也是他全部作品共同的特征。杜甫绝不装腔作势，无病呻吟。他的作品差不多都是在一种“不吐不快”的状况下写出的。所以，一字一句都使人感到亲切。古今中外的诗纵有不同，却有一个共同点，那就是诗必须有真实的感情。杜诗在这点上也是最突出的，所以自古以来就有许多人加以阐发。陆游在《澹斋居士诗序》中说：

> 诗首国风，无非变者，虽周公之豳，亦变也。（古人有“正风正雅”和“变风变雅”之说）盖人之情，悲愤积于中而无言，始发为诗；不然，无诗矣！……杜甫、李白，激于不能自已，故其诗为百代法。（《渭南文集》卷十五）

顾亭林在论“诗题”时也说：

杜子美诗，多取篇中字名之。如“不见李生久”，则以“不见”名篇；“近闻犬戎远遁逃”，则以“近闻”名篇；“往在西京日”，则以“往在”名篇；“历历开元事”，则以“历历”名篇；“自平宫中吕太一”，则以“自平”名篇；“客从南溟来”，则以“客从”名篇。皆取首二字为题，全无意义，颇得古人（**指诗经、汉乐府及古诗十九首等**）之体。

他又说：

古人之诗，有诗而后有题；今人之诗，有题而后有诗。有诗而后有题者，其诗本乎情；有题而后有诗者，其诗徇乎物。（**均见《日知录》卷二十一**）

顾亭林专从取首二字为诗的标题上来衡量诗的有无真情，虽然并不完全正确，也不完全符合事实，比如杜诗标题，就仍有许多是有意义的，如《垂老别》《新婚别》《无家别》等，但在“本乎情”和“有诗而后有题”这一点上却是一致的。

当然，我们也不能把真挚性，或者说真诚性，做唯心的无原则的抽象理解。因为极端反动的人按他们自己的观点看来也可以说是“真诚”的。所以，我在这里所说的真挚性，乃是在人民性的范畴内，在思想的深刻性的基础上来提出的。所以，尽管全部杜诗都具有真情实感，而我们所要研究并加以叙述的也只能侧重于有关反映人民生活的一类作品，并不是一般地来谈论杜诗的真挚性。

我想，凡是读过杜甫这一类作品的人，大概都会承认这样的一个事实，就是：杜甫当他描写人民的痛苦时，并不是采取旁观者的态度，也不仅是一种“打抱不平”，而是“感同身受”似的怀着无限的关切和爱情来描写的。这样，就使得他的一些反映人民生活的诗，就好像从他的肺腑中流出来的一般，不仅有着高度的思想性，而且渗透着深厚的感情；不仅有骨头，而且有肉有血；不仅能说服人，而且能打动人。

我们几乎用不着多举例，姑且以上面曾经提到过的诗篇和诗句来做例子吧。譬如《又呈吴郎》那首写寡妇扑枣的诗，其中便有着杜甫自己的无限的爱情。比如，他了解到打枣人原来就存在着“恐惧”心理，于是，他便观照他自己或者说警惕他自己这时的态度要特别亲善。否则，她就不好意思打了，她就要挨饿。他好像是自己在打别人的枣子，希望主人家不要使自己难堪似的。我们只要一读到“不为困穷宁有此？只缘恐惧转须亲！”这样的两句诗，至今还能仿佛听见诗人杜甫当时心脏怦怦然的跳动。又如“朱门酒肉臭，路有冻死骨”那两句诗，也是充满着强烈的义愤的。上句是痛恨，下句是痛惜。

杜甫这种真挚的热情，表现的方式并不完全一样。有时是“爆炸式”的，对统治者做直截了当的抨击，《新安吏》便是很好的例子。在这首诗中，杜甫的形象简直是“怒发冲冠”的。有时则是“潜伏式”的，也就是把火一般的热情淬入冷酷的客观事实里面。有名的《石壕吏》，便是属于这一类型的。前者是“忍无可忍”，往往表现为“一针见血”的热讽或教训——“眼枯即见骨，天地终无情!”后者是“忍而又忍”，往往表现为“予欲无言”的冷刺——“天明登前途，独与老翁别。”这两种表现方式也有时同时出现在一篇诗中的，如《赴奉先咏怀》。

我想，根据以上这少数的例子，已足够说明杜诗的真挚性了。总之，杜甫的每一篇诗都是有着真情实感的，都是热情充沛的。爱则真爱，恨则真恨，悲则真悲，乐则真乐。反映社会现实的叙事诗是这样，至于表现他对自己的妻子、弟妹、朋友之间的爱的抒情诗，那就更不在话下了。

杜甫反映人民生活的诗，为什么能这样饱含着他自己的真情在内呢？清人黄生在他的《杜诗说》（卷四）中曾接触到这一问题。他说：“杜公关心民物，忧乐无方，真境相对，真情相触，盖有不知其然而然者。岂如他人快乐是一副肠肚，作一种说话；愁闷是一副肠肚，又作一种说话耶！总之，他人无所不假，杜公无所不真耳。人假，故其诗亦假；人真，故其诗亦真。读公诗者请从此参入。”这话也有几分道理。不错，杜诗的真，是和他的为人以及他那“关心民物”的思想分不开的。但是，特别重要的还是他那长期接近人民生活、深入社会现实的生活实践。

因为现实、生活是第一性的，而意识、艺术是第二性的。只有通过这种生活实践，杜甫才可能和人民发生血缘关系，才可能从思想情感上和人民发生共鸣、打成一片，才能把人民的痛苦看成是自身的痛苦一般，使自己的一切感情（同情或愤恨）都是自然而然地流露出来。否则，就是要“真”，也“真”不起来！杜甫常自言“情在强诗篇”“有情且赋诗”，又说“箧中有旧笔，情至时复援”（《客居》），可见他的写诗都是出于内心的要求，其诗又安得不真？

我并不是要贬低大诗人白居易在文学史上的崇高地位，他和杜甫都是伟大的现实主义诗人，而且他的文学为政治服务的观点较之杜甫更为明确，但从作品本身来看，一般地说，是显得有些贫血的。热情不够，形象不够。比如他的《杜陵叟》：“剥我身上帛，夺我口中粟。虐人害物即豺狼，何必钩爪锯牙食人肉！”骂未尝骂得不厉害，但总觉得有些抽象化。

以上我们叙述了杜诗人民性的三个特征，即广阔性、深刻性、真挚性。应当附带提一下的是它的一贯性。杜甫从困守长安时候起一直到他死，这种人民性真像一条红线似的贯穿在他的作品中。杜甫自己说："留滞一老翁，书时记朝夕。"(《雨》)他真不愧为他那个时代的忠实的书记。

在杜甫以前，乃至他同时的诗人，都很少意识到人民的存在，对人民的命运，不是毫无兴趣，便是关心不够，很难写到他们，这就是为什么杜甫有"未见有知音"的慨叹的根本原因。

(三) 杜甫作品的艺术性

毛主席告诉了我们文艺批评的两个标准，一个是政治标准，一个是艺术标准。上面，我们已叙述了杜甫诗的人民性（亦即政治性、思想性），现在，我们再来谈一谈杜甫诗的艺术性。

在未谈到杜甫诗的艺术性之前，有两点我觉得有说明一下的必要。第一，我们不可以把杜甫诗的艺术性和它的思想性（人民性）对立起来、分割开来。因为，一般地说，一个作家特别是一个伟大的作家，他的高度的艺术性往往是和他的高度的思想性相一致的；所以，列宁说作家乌斯宾斯基的那种"穿透事物核心的特殊艺术才能"是同他对人民的热爱，他"对农民的深刻的了解”分不开的（见伊瓦施清科：《论文学与人民的血缘关系》）。对于杜甫，我们可以说同样的话。撇开或者忘怀了杜甫诗的思想性而来孤立地专谈它的艺术性，那不仅是不应该，而且是罪过！因为他的忠实地反映人民生活的艺术乃是根源于他的热爱人民的思想。

可是，第二，我们也不可以过分强调思想性的作用，把杜甫诗的艺术性不给予应有的重视。因为思想性和艺术性虽然是密切关联着，而又互相区别，不能混为一谈，看作一回事或同一的东西。俗话说“巧妇难为无米之炊”，没有米当然煮不出饭，但米也并不就等于饭，犹之思想内容并不等于诗，政治并不等于艺术，其间还必须经过一个人为的创作劳动过程。再则，我们知道，杜甫是一个有意识的大力追求艺术技巧的诗人，他和李白、高适诸人经常讨论到文章，如《春日忆李白》诗：“何时一樽酒，重与细论文。”又如在寄高适、岑参的诗中也说：“会待妖氛静，论文暂裹粮。”其他如别崔漠诗：“荆州遇薛（据）孟（云师），为报欲论诗！”又寄范邈、吴郁诗：“论文或不愧，重肯款柴扉。”此类甚多。因为他这样重视诗的技术，所以他要求一篇诗要做到“毫发无遗憾”的地步，要做到“惊人”的地步。这一客观情况，也就要求我们研究杜诗的人对于他的诗的艺术造诣，不容加以忽视。

过去，自中唐以后，评论杜甫、学习杜甫的人就很多，但除了少数如大诗人白居易、陆游等外，一般都只片面地重视杜甫的技巧，就是极力推崇杜甫的元稹也不免。元好问在《论诗》三十首中曾批评他说：“排比铺张特一途，藩篱如此亦区区；少陵自有连城璧，争奈微之（元稹字）识珷玞！”像这种阉割杜诗的思想性的纯技巧观点的形式主义的态度，自然是一个原则性的错误。但避而不讲，也不能不说是一个偏差。叶高林在《斯大林关于语言学著作中的文学问题》一文中曾有这样一段话：“显然的，由于害怕陷入形式主义，为了保险起见，于是在研究某一个作家的创作的时候，就避免谈到艺术的形式和语言的问题。纪念普式庚的文章就是这种情形的一个明显的证明。……普式庚的创作的形式问题就说得非常之少。”我以为这话也值得我们注意。我们知道，没有内容的形式和没有形式的内容都是不存在的。只要不是纯粹地为形式而形式，为技巧而技巧，而是为了更完善地表达内容来追求形式，这绝不是形式主义。而且在古典诗歌中不同诗体还有着不同的特定要求（如律诗）。因此，关于杜诗的艺术性，我们打算做一比较全面的介绍，包括一些有关律诗的写作技巧在内。杜律诗数量最多，其中好作品也不少，为了有助于理解和欣赏，这种介绍，尽管没有什么大道理，而且往往不免流于琐屑，但我觉得对一种专门性的研究来说，还是有必要的。

从总的方面来说，杜甫创作方法的总的特征，是现实主义。这一创作方法是和他那“勇于揭露生活真实”的现实主义的创作精神相一致的。他的艺术上的若干特征都是从这一总的特征产生和出发的。现在我们提出以下四项，即：1. 形式的适应性；2. 描写的客观性；3. 语言的精练性；4. 韵律的精严性。依次分别论述于后。

1. 形式的适应性

这里所谓“形式”包括诗的“体裁”和“题目”，所谓“适应性”是指“体裁”“题目”和内容的和谐统一。

我们先说“体裁”方面。由于杜甫的虚心，他既向汉魏古诗学习也向齐梁新体诗学习，所以能掌握当时所有的诗体。他称苏徯“兼工古体诗”（现在苏徯的诗已全佚），其实他自己才是这样既工近体又兼工古体的作家。

但值得我们指出的，还不在于他广泛地使用了所有的诗体，而在于他能极其适当地使用这些诗体。这才是他真正的艺术本领。因为他极其科学地根据客观现实、根据描写对象把各种诗体做了恰如其分的分工，使各种不同诗体都能“各尽所能”“各得其所”。例如在反映人民生活和一般社会状况方面，他几乎没有例外地一概使用伸缩性较大，便于铺叙描写的古体诗。“三吏”“三别”《赴奉先咏怀》《北征》《留花门》等便是五古；《兵车行》《岁晏行》《负薪行》等便是七古。用来自民间的诗体反映人民的生活，这就构成他诗集中富有人民性的叙事一类的诗。至于个人（**比较地说**）的抒情，则大都用“律诗”。他说：“愁极本凭诗遣兴，诗成吟咏转凄凉”，这“诗”便是说的律诗。“排律”一体，是有点“官样文章”的，但可以“因难见巧”，显示一个人的学力和艺术修养，所以当他困守长安时，便往往使用这种诗体来投赠当时的官僚们，如《奉赠韦左丞丈》《上韦左相》《投赠哥舒翰》等。也有这样一种情况，当题材只适宜于写成小诗时，他便使用“绝句”，绝不拖长，衍为律诗或歌行，如《三绝句》等。

由此可见，杜甫在诗体的选择和使用上是非常审慎的，也可以说是非常客观的。因为他是从客观现实、从内容题材出发来决定所用的不同性能的诗体，是“量体裁衣”，而不是“削足适履”。这是一个很高的艺术。我们知道，形式对于内容虽然是从属的关系，应由内容决定并为内容服务，但形式对于内容也绝不是无所谓的，它要反作用于内容。所以，当形式和内容处于不相适应的时候，也就是说作者错误地采用了形式，那就必然要影响到作品内容的完美。因为形式可能与内容发生矛盾，使内容难以表现出来，或者相反，有助于最鲜明地体现内容。不难明白：假如杜甫不用比较自由的古体诗而用规格森严的律诗来写“三吏”“三别”一类作品的题材，那就算他“读书破万卷”，算他是“诗圣”，也注定了要失败。然而，这是不会的，因为杜甫是忠实于现实的。

现在，再谈“题目”方面。这好像是一件小事情。其实不然。首先要声明一点：这里所谓“题目”是指的有现实性、人民性的一类社会诗的题目，而不是指的一般的诗题。

魏晋南北朝这一时期的诗歌，可以说是又富足，又贫乏。从作者和作品的数量来看，它是富足的；从作品的质量上来看，它却是贫乏的，因为很少接触到社会民生问题。那些无聊的宫体诗更不必说。比较杰出的作家，偶尔写到时事，又欢喜用一种古老的标题，如左思的《咏史》、陶潜的《拟古》等。比较多的，是用汉乐府的旧题，如曹操的《蒿里》《薤露》，曹植的《泰山梁甫行》等。这种用古题写时事的风气，一直到盛唐都没有改变。例如陈子昂的《感遇》和李白的《古风》，其中原也有着现实性很强的作品，但因为他们都用了古老的标题，诗的题目和诗的内容不相适应，文不对题，牛头不对马嘴，这样就掩盖了至少是模糊了诗的现实性和斗争性，减少了诗的宣传作用，不易引起读者的注意。

杜甫便不同了。他不再用古题，而用新题来写新事。这是一个很大的革新，所以元稹在《乐府古题序》里说："近代惟诗人杜甫悲陈陶、哀江头、兵车、丽人等，凡所歌行，率皆即事名篇，无复倚傍。"元稹所举的例子，自然是不全面的，如"三吏""三别"等也都是"即事名篇"之作。因为摆脱了古老的外衣，从新的现实出发给予诗以新的标题，这就使得一首诗的主题，讽刺的目标，更为明确，更为突出，现实性的色彩更为鲜明，因而也就更能给读者以新的感觉。不难知道：假如杜甫也和以前的作家一样，"沿袭古题"，那在艺术效果上一定是要受到影响的。

2. 描写的客观性

从现实出发并忠实于现实，用精密的文体对现实做真实的客观的描写，而不做或很少做抽象的主观的叙述或论断，这是现实主义的创作方法最基本的特征，也是杜甫诗的一个最高的成就和最大的特征。杜甫这一创作方法也是由他的诗的内容决定同时又为内容服务的。因为他的诗，既多写社会现象，有人物故事可供描写，而为了达到讽刺和暴露的目的，按现实生活的本来样子做客观的具体的描写也正是最有效的一种手段。在这方面，杜诗有以下几种表现：

第一，表现在对事物的具体而细致的刻画上。杜甫十分明白“事实胜于雄辩”这一平凡的真理，所以他很注重事物的具体刻画，寓主观意识于客观事实，借客观事实来表达主观意识。尽量让人物自己，让事实本身说话，使读者自己不得不得出必需的结论。譬如说，他是反对唐明皇的穷兵黩武的，但是在《兵车行》里，他自己并没有出面宣布，却具体地描写了那个“爷娘妻子走相送”的悲惨场面，客观地——同时也是有意识地夸张地记录了那“行人”的对话，当读者听了“边庭流血成海水，武皇开边意未已”这些对话时，自然就会得出“反对统治者进行侵略战争”的结论来。李白也是反对杨国忠用兵云南的，但在他的《古风》里却只有“三十六万人，哀哀泪如雨”这样两句“泼墨式”的漫画，他在《豫章行》里也曾写到母子泣别，但也只是概括地说“老母与子别，呼天野草间”，所以给读者的印象就不那么深刻。如果拿李白的《古风》和杜甫的《兵车行》相对比，我们就很容易看出主观性与客观性、具体与抽象的区别，以及现实主义和积极浪漫主义这两种创作方法之间的不同特点。

又如，杜甫对杨国忠、虢国夫人兄妹的奢侈荒淫是鄙视憎恶的，但在《丽人行》里，他同样没表示什么意见，“绝不作一断语”，只是重点地刻画虢国夫人的服饰之华丽、饮馔之丰盛和杨国忠的神态这些具体情况。这样，也就自然会唤起读者的鄙视和憎恶。

最典型的例子是《石壕吏》。这是杜甫通过自己的亲身经历暴露当时兵役黑暗的一首诗。这是真人真事，同时也有它的典型性。统治者为了进行作战，拉夫竟拉到老太婆，而这位老太婆的三个孩子都已走上战场，有两个还为国牺牲了，以这样三个——杜甫曾经尊称为“义军”的光荣的母亲，不但得不到一点照顾，而且还不免被抓，这是何等的残酷！但杜甫在诗中却仍然不动声色、只是沉着气，向读者传达了那老太婆对吏人哭哭啼啼的诉苦和那媳妇“幽咽”的哭泣。是不是杜甫真的没表示意见呢？当然不是。不过在这里他没有采取主观的直接批评的方式，而是把自己的思想感情、自己的同情和仇恨渗透在事物的客观叙述之中而已。譬如：“有吏夜捉人”，这是客观的叙事，同时也是主观的批判；又如：“吏呼一何怒，妇啼一何苦”，这也是客观的叙事，然而同时也就渗透着作者鲜明的爱憎。杜甫大概觉得这件事的本身便是最有力的批评武器，用不着自己再来帮什么腔，读者也自会得出他的结论。

要妥善地完成一首叙事诗的客观的描写，不仅要求诗人必须具有描写事物的本领，而且要求诗人必须具有能够冷静地控制住那种由被描写的事物所激起的几乎是难以控制的主观冲动的性情修养。为了充分地说明这一点，在这里，我想举出晚唐诗人唐彦谦的一首《宿田家》来和《石壕吏》做一个对比。因为，这两首诗不仅在主题思想上极相似，而且在创作过程上、在主题的获得上也非常类似。《石壕吏》，大家很熟悉，这里就只录唐彦谦的《宿田家》：

落日下遥峰，荒村倦行履。停车息茅店，安寝正鼾睡。忽闻叩门急，云是下乡隶。公文捧花押，鹰隼驾声势。良民惧官府，听之肝胆碎。阿母出搪塞，老脚走颠踬。小心事延款，□(缺一字) 余粮复匮。东邻借种鸡，西舍觅芳醑。再饭不厌饱，一饮直呼醉。明朝怯见官，苦苦灯前跪。使我不能眠，为渠滴清泪。民膏日已瘠，民力日愈弊。空怀伊尹心，何补尧舜治！

大家都能看到，这首诗的结构和《石壕吏》是差不多的。作者同样是投宿在一个老百姓家里，同样在深夜碰见差吏来打门这样的事，中间描写阿母的“搪塞”和“延款”也很生动、形象。但是，值得我们注意的，是诗的末六句。作者沉不住气了，他自己也要发泄，也要向读者诉苦并说出自己的心愿了。当然，作者完全有权利这样来写，有权利直接表现他对这件事的感受。但是，从艺术效果上来看，应不应该这样写，那就值得考虑了。

从《石壕吏》的“夜久语声绝，如闻泣幽咽”的诗句中，我们都能体会到诗人杜甫也是一夜未曾合眼，陪着那个媳妇在默默流泪的，然而杜甫却没有明说“使我不能眠，为渠滴清泪”。大家知道，杜甫是“自比稷与契”的诗人，但在这里他也没有表白自己的政治抱负，没有发议论。自我发泄，即使是悲哀，也是一种痛快。但是为了加强诗的说服力，不掺入个人的主观感受来转移读者的注意，杜甫放弃了、隐藏了他的自我发泄。他不是不同情，而是要唤起读者更多的同情；他也不是不恨，而是要唤起读者更强烈的憎恨。说笑话的人，他自己往往是不笑的，我以为这道理也正可以拿来理解《石壕吏》。

此外对于人物的描写，杜甫也是非常具体的，并能注意到带有特征意义的和富有表现力的细节的刻画。只如《兵车行》中“长者虽有问，役夫敢申恨？”这样看来好像是无关重要的两句话，便不仅生动地曲折地表达了役夫那种敢怒而不敢言的顾虑重重的心理状态，而且还有力地揭露了形成这种心理状态的罪恶社会。真是绘形绘声。这种对人物的具体描写，《北征》和《彭衙行》里也都有很好的例子。《遭田父泥饮》一诗，杜甫为什么能把那位劳动人民写得活灵活现、“呼之欲出”呢？也就是由于具体地描写了田父的言谈举动、声音笑貌。杜甫并没有明说他爱这位田父，然而爱自在其中，并且引起了读者的同感。

顾亭林评司马迁的《史记》有“于序事中寓论断”一条，说司马迁“不待论断，而于叙事之中即见其指”（《日知录》卷二十六），刘熙载也说：“叙事不合参入断语，太史公寓主意于客位，允称微妙。”（《艺概》卷一）我认为这些评语也同样适用于杜甫，因为杜甫在叙事之中也有这一手。而且他用的是韵文，是诗的语言。关于杜诗这一艺术特点，胡震亨曾以《丽人行》为例，他说：“第咏其富贵声焰，可望而不可近之概，而伤化召乱之源，读之自见。若使白家（白居易）讽谏为之，定复著一番议论，与明白说破矣。”这话也是很有见地的。

第二，这种描写的客观性也表现在对话和人物独白的使用上。为了尽可能保持事件的客观性、真实性，减少作品的主观意味，来取得读者的信服，杜甫吸收了汉乐府的创作经验，有不少作品使用了对话或人物独白的方式，大大地加强了诗的戏剧性。

在对话的场合下，杜甫自己是出场的，例如《兵车行》便是他和“行人”的对话，《新安吏》《潼关吏》也都是他和那两个吏人的对话。《石壕吏》情形又有点不同，他虽在场，却并未出场，他只是在听那位妇人和差吏答话，但仍然是对话体。在人物独白的场合下，杜甫自己则是不出场的。他让人物直接向读者诉说，由人物自己说出一切。例如《垂老别》，通篇都是老人的话，《新婚别》，通篇都是新娘子的话，《无家别》，通篇都是那个单身汉子的话。从这类作品中，我们更可以看出杜甫描写的客观性。因为当他化身为老头子时，便说着老头子的话；当他化身为新娘子时，便说着新娘子的话；当他化身为单身汉时，便说着单身汉的话，随着不同人物的不同情况（年龄、性别、身世和心理等）而赋予不同的腔调，做到了如高尔基所说的“必须使语言从人里面流露出来，不要从外面把语言粘贴在人身上”(《苏联的文学》，第 111 页)。这非十分客观，是办不到、写不像的。刘熙载在他的《艺概》一书中，说司马迁“无我，故能以万物为我”，便是这种客观性很好的说明。当然，如果杜甫不是深入人民生活，和人民的思想感情起着共鸣，那也就不可能深入到他的主人公——人民形象的生活中去，要想化身，也是化不来，化不像的。

第三，这种客观性还表现在人民语言的采用上。杜甫曾经大量地采用当时人民的口头语，也就是元稹所说的“当时语”。例如《兵车行》：“爷娘妻子走相送，尘埃不见咸阳桥。牵衣顿足拦道哭，哭声直上干云霄。”又如《新安吏》：“中男绝短小，何以守王城？肥男有母送，瘦男独伶俜。”又如《垂老别》：

“投杖出门去，同行为辛酸。幸有牙齿存，所悲骨髓干。”又如《新婚别》：“生女有所归，鸡狗亦得将。”都是日常会话用的词汇。就是从这些诗的全篇来看，也是非常素朴、通俗，接近人民的语言的。

我们知道，杜甫是一个读书破万卷的诗人，他的词汇并不贫乏，有的是典故、辞藻，为什么却要用这种方言口语呢？这是因为他不是从主观兴趣或卖弄才学出发，而是从被描写的事物的客观要求出发，因而采用了人民的语言来写人民的生活、思想和感情。杜诗所以能给人以强烈的真实感，使读者如闻其声，如见其人，如历其境，这也是一个重要条件。

人民口语的采用，是一个艺术问题，同时也是一个思想问题，一个人民性的问题。后来不少封建文人如元刘履之徒，都曾攻击杜甫这类诗，说什么“鄙俚！终非雅咏！”这也是无足怪的。

在人民口语的采用这一点上，白居易是和杜甫相同的。但在第一、第二两点上，白和杜甫却颇不相同。梁启超在《中国韵文里头所表现的情感》一书中曾做过如下的比较：“他（杜甫）的眼睛，常常注视到社会最底下那一层，他最了解穷苦人的心理，所以他的诗因他们触动情感的最多。有时替他们写情感，简直和本人自作一样。‘三吏’‘三别’，便是模范的作品。

后来白香山的《秦中吟》《新乐府》也是这个路数，但主观的讽刺色彩太重，不能如工部之哀沁心脾。”他这番话，还是有参考价值的。我在论真挚性时所举白居易的《杜陵叟》也可作为“主观的讽刺色彩太重”的证明。

3. 语言的精练性

诗的语言，本应精练，因为诗的含意，总比散文等要深广些；而杜甫又是一个“苦用心”的作家，非常考究用字和造句，所以语言的精练性表现得也就比一般诗人更为突出。

杜甫经常根据诗句来评衡一个作家，例如他评李白说：“李侯有佳句，往往似阴铿。”评孟浩然说：“复忆襄阳孟浩然，清诗句句尽堪传。”评王维说：“最传秀句寰区满。”评高适说：“美名人不及，佳句法如何？”评岑参说：“故人得佳句，独赠白头翁。”评严武也说：“新诗句句好，应任老夫传。”又《戏为六绝句》说：“不薄今人爱古人，清词丽句必为邻。”可见他十分重视诗的字句的琢磨。这一点，在律诗中更显著。但绝不是说，在古诗中他便草率。杜诗很少草率的可有可无的闲字闲句。

一般地说，杜诗语言的精练性，表现在以下三点（**这三点，也可以说是他锻炼字句的准则**）：

第一，是“概括”或“集中”。杜甫常常要求以少数的字句概括丰富的内容，既说得少，又说得好。例如：

万里悲秋常作客，百年多病独登台。(《登高》)

十四个字中便含有八九层可悲的意思：他乡作客，一可悲；经常作客，二可悲；万里作客，三可悲；又当萧瑟的秋天，四可悲；当此重九佳节，没有任何饮酒等乐事，只是去登台，五可悲；亲朋凋谢，孤零零地独自去登，六可悲；身体健旺也还罢了，却又是扶病去登，七可悲；而这病又是经常性的多种多样的，八可悲；光阴可贵，而人生不过百年，如今年过半百（杜甫作此诗时，年五十六)，只落得这般光景，九可悲。真是包含无限感慨！真是再概括、再经济没有！又如：“勋业频看镜，行藏独倚楼”(《江上》)，只用两句便总结了他自己的一生，也非常概括。(关于这两句的解释，过去有同志曾大加赞许，最近在《散文》第二期上读到臧克家同志的文章，他又大不以为然，说有九层意思，“太玄”。我自己也是怕人把诗说得太玄，使人莫测高深，但如果真说出了一些道道，那也不能说是“玄”。说诗固则怕“太玄”，但也怕“太呆”。今姑仍而不改，以资谈助。)

不仅对于个人的身世遭遇是这样，就是对于他所生活着那整个的动乱时代，杜甫也往往只用两句诗来概括，如：

三年笛里关山月，万国兵前草木风。(《洗兵马》)

又如：

扁舟欲往箭满眼，杳杳南国多旌旗。(《同谷七歌》)

便有力地反映了从 755 年到 759 年的几年间在全国范围内由于安史之乱所造成的兵荒马乱的局势。都有着广大的空间。在杜诗中，也有上下两句诗。一句写时局，一句写自己的，如《公安送韦少府》：

时危兵革黄尘里，日短江湖白发前。

上句说战事方殷，下句说垂死漂泊；又如《春望》："感时花溅泪，恨别鸟惊心。"上句说国破，下句说家亡，都包含着无限感慨。至于"朱门酒肉臭，路有冻死骨"，那更是用两句诗就勾勒出那整个封建剥削社会的面貌了。高度的概括，高度的集中，高度的典型化，构成了这两句诗的高度的火力。

这种概括，也往往表现在一个字的使用上。如《石壕吏》："暮投石壕村"，用一"投"字便显出了一个战乱中的社会状态和心理状态；又如《无家别》："园庐但蒿藜"，用一"但"字便显出了生产遭到普遍的彻底的破坏；"朱门酒肉臭"的"臭"字也是非常概括的。

第二，这种语言的精练性也表现在用字的"准确"上，特别是在动词的使用上。欧阳修《六一诗话》载有一个故事：陈从易得到一部杜甫诗集，其中《送蔡希鲁都尉》诗"身轻一鸟□"，鸟下脱一字，于是他便和几位朋友来补，有的说"疾"，有的说"落"，有的说"起"，有的说"下"，却做不出决定。后得善本，原来是"过"字，大家才叹服，认为"虽一字亦不能到"。"过"字所以好，就是因为准确，能具体地形容出蔡希鲁在战场上往来驰骤的矫捷。"疾"字抽象，"落""下""起"三字根本不合理。(《六一诗话》所载之事，看来曾风传一时，以致苏轼等人都把它作为故实，用入诗中。)

现在我们不妨再举些例子，如："红入桃花嫩，青归柳叶新。"(《酬李都督》)用一"入"字和"归"字，便写出了初开的桃花和新生的柳叶。"入"字和"嫩"字，"归"字和"新"字，是紧密关联的。又如："星垂平野阔，月涌大江流。"(《旅夜书怀》)用一"垂"字，才能显出夜间平野之阔；用一

“涌”字，才能显出月色的如水和大江的气派，并透露出自己的激动情绪。若一般地用“月照”，便不够深入、准确。又如：“大声吹地转，高浪蹴天浮。”（《江涨》）“蹴”字就很工，很生动，因为能显出浪势的凶猛。又如：“返照入江翻石壁，归云拥树失山村。”（《返照》）“翻”字、“失”字也是由锤炼而来。此外，如“群山万壑赴荆门”（《咏怀古迹》），用一“赴”字写峰峦的迤逦，“揭巘怪石走”（《九成宫》），用一“走”字写山石的连延，都非常生动，“确乎而不可易”。此类甚多，我们不去毛举。王安石曾把杜诗中这类字叫作“诗眼”，说是作者用心推敲处，这话并不算错。但如果以为可以脱离生活和对事物的精密观察，形式主义地只是在文字上兜圈子、翻筋斗，便能找到最准确的字，那也是幻想。比如：“社稷缠妖气，干戈送老儒。”“缠”字和“送”字诚然是很工的，但如杜甫没有久经丧乱的经历，也琢磨不出。我曾三过夔门，才体会到杜诗“众水会涪万，瞿塘争一门”（《长江》），“争”字之工，也是一个证明。

第三，杜诗语言的精练性，还表现在字句的“变化”上。关于这方面，主要是谈他的律诗。假如我们不太主观，那就应该说，杜甫是千百年来律诗的泰山北斗。在律诗的写作上，杜甫显得既程式，又有创造；既严谨，又灵活。他不甘心老一套。一般讲得很少，这里可能要说得多些。现分从“句法”“对法”

“字法”的变化三方面来说。

先说“句法”的变化。

过去，五言诗句的组织都是上二下三的格式，七言诗句则是上四下三，例外是绝少的。杜甫在句法的组成上却有了不少创造性的变化。比如五言诗的句法，有上一下四的，如：

露从今夜白，月是故乡明。(《月夜忆舍弟》)

青惜峰峦过，黄知橘柚来。(《放船》)

壮惜身名晚，衰惭应接多。(《将晓》)

碧知湖外草，红见海东云。(《晴》)

名岂文章著？官应老病休。(《旅夜书怀》)

有上四下一的，如：

飞星过水白，落月动沙虚。(《中宵》)

星临万户动，月傍九霄多。(《春宿左省》)

也有上三下二的，如：

把君诗过日，念此别惊神。(《赠别郑炼》)

自吟诗送老，相劝酒开颜。(《宴王使君宅》)

本卖文为活，翻令室倒悬。(《闻斛斯六官未归》)

田父要皆去，邻家问不违。(《寒食》)

至七言诗句法，有上一下六的，如：

鱼知丙穴由来美，酒忆郫筒不用酤。(《将赴成都》)

盘剥白鸦谷口栗，饭煮青泥坊底芹。(《崔氏东山草堂》)

有上二下五的，如：

雪岭独看西日落，剑门犹阻北人来。(《秋尽》)

不贪夜识金银气，远害朝看麋鹿游。(《题张氏隐居》)

盘飧市远无兼味，樽酒家贫只旧醅。(《客至》)

云断岳莲临大路，天晴宫柳暗长春。(《题郑县亭子》)

念我能书数字至，将诗不必万人传。(《公安送韦少府》)

世乱郁郁久为客，路难悠悠常傍人。(《九日》)

有上三下四的，如：

渔人网集澄潭下，估客船随返照来。(《野老》)

春水船如天上坐，老年花似雾中看。(《小寒食舟中作》)

紫气关临天地阔，黄金台贮俊贤多。(《河北节度入朝》)

顾我老非题柱客，知君才是济川功。(《陪李司马观造竹桥》)

这一类，多形成“折腰句”式，因为上三字一截，下三字一截，中一字往往是独立的。后来白居易的“无情水任方圆器，不系舟随去住风”，便是学的杜甫。“春水”两句，中有倒装。如果顺说，就是“春水坐船如天上，老年看花似雾中”。现在为了突出行船的快感和惜花的惆怅，所以把船和花提到上边去。不是单纯地为了句法的生新。有同志认为这两句是上二下五句法，这样读，原无不可，但重点不能突出。严格地说，这两句应读成三折。即“春水”和“老年”略顿，“船”和“花”也要顿一下。此外，七言句法，还有上五下二的，如：

五更鼓角声悲壮，三峡星河影动摇。（《阁夜》）

永夜角声悲自语，中天月色好谁看？（《宿府》）

且看欲尽花经眼，莫厌伤多酒入唇！（《曲江》）

后来白居易的“百岁无多时壮健，一春能几日晴明?”即学的这种。明了古典诗歌句式的构造，对于理解原作的含义也有些帮助。大概在可以截住的地方，应略停顿，意义始易明。杜甫五言古体诗的句法，无大变化，一般是上二下三。但也有例外，如《无家别》：“但对狐与狸，竖毛怒我啼。”下句便是上四下一，是说“怒我而啼”。又如《羌村》：“娇儿不离膝，畏我复却去。”下句便是上一下四，意思是说孩子们怕爸爸回家不久又要走，所以老缠住他。有人读作“畏我”一截，意思便完全相反了。

其次，我们说“对法”的变化。

由于我们中国文字的个体单音的特殊性，很容易形成句与句间的对称，所以在古老的民歌总集——《诗经》里便已有了对偶的句子，汉代的五言民歌里也有。但是这些对偶句都是出于自然，并非有意地要诗句“成双作对”。魏晋以后，文人作诗的越来越多，他们都有较高的艺术修养，这才有意识地把散行的诗句变成对句，并进一步讲究对法。如《文心雕龙·丽辞篇》

便有"言对""事对""反对""正对"的名目，可见当时骈偶的风气很盛。但骈偶还没有成为诗人必须遵守的信条，也没有成为诗歌本身必不可缺乏的一种条件。他们作诗，可以用对句，也可以不用。到了唐朝，情况又不同了。古体诗之外，又新成立了一种近体诗——律诗，不管是五言律或七言律，除了头两句和末两句外，中间四句却必须得作成对子，如果是排律，即使长至百韵，也只准首尾不对，中间一百九十六句都得对。否则便不成其为律诗，就不免见笑于人，就要影响自己的前途。因为唐代以诗赋取士，而律诗却正是当时政府规定使用的合法的诗体。因此，唐人特别讲究对法，如上官仪、元兢等人，对的名目多至二三十种。

杜甫的写作律诗，和他写作古诗一样，目的并不是为了升官发财。但他却很爱好这种诗体，也发展了这种诗体。一方面固然为了适应"律诗"这种人为的规范，另一方面也为了突破这种规范，使不致过分束缚个人的思想感情的表达，所以在对法上，杜甫也有许多变化。现在只举几种最有关系的也是杜甫最常用的略加说明如下：

一是"借对"。也叫作"假对"，因为以假对真，半真半假。过去叫作"声对"，其实不只借用字声的一种。杜甫相当广泛地使用了这一对法。有借用字声的，如："次第寻书札，呼儿检赠诗。”(《哭李常侍》)“第”与“弟”同声，故借兄弟之“弟”来对“儿”。又如：“沧溟恨衰谢，朱绂负平生。”(《独坐》)“沧”便是借“苍”之声以对“朱”；“骥子春犹隔，莺歌暖正繁。”(《忆幼子》)“歌”便是借“哥”之声以对“子”；“枸杞因吾有，鸡栖奈汝何?”(《恶树》)“枸”也是借“狗”之声以对“鸡”的。又有借字面的，如：“竹叶于人既无分，菊花从此不须开。”(《九日》)菊花是真菊花，竹叶却是假竹叶，因为这里的竹叶是指的酒(竹叶青)，字义并不相对，只是字面作对。后来薛能的“绕郭烟波浮泗水，一船丝竹载凉州”(《清河泛舟》)，便是学的这一种。因为泗水是真地名，而凉州却是假的，它在这里是指的“凉州曲”。为了取得字面上对仗的工整，杜甫有时以共名对专名，如：“浮云不负青春色，细雨何辜白帝城。”白帝城乃专名，一般地说，“青春色”是不好作对的。为了以专名对专名，杜甫有时根据历史故事制造出新地名，如《承闻河北诸道节度入朝欢喜口号》云：“紫气关临天地阔，黄金台贮俊贤多。”紫气关实际是函谷关，为了和“黄金台”作对，便根据老子过函谷关，有紫气东来的传说把原名改变了。照字的平仄来说，用函谷关也行，但色调上不相称，不够壮丽，不能充分表达那欢喜的情绪。从这里也可以看到杜甫作诗的苦心和创造性、灵活性。

二是“当句对”。也叫作“本句对”或“句中对”。因为上下两句有的并不相对，而是句中自为对。这种对法，起于《楚辞》(详洪迈：《容斋续笔》三)，杜诗中极多，经常和上下两句的互对，相辅而行。例如：

痛饮狂歌空度日，飞扬跋扈为谁雄？(《赠李白》)

仇兆鳌说：“痛饮对狂歌，飞扬对跋扈，此句中自对法也。空度日对为谁雄，此两句又相互对也。”又如：

南极一星朝北斗，五云多处是三台。(《赠李八秘书》)

杨伦说：“南北三五，句中自对，一星多处，又两句互对，见用法变化处。”现在再举几个例子：

高江急峡雷霆斗，古木苍藤日月昏。(《白帝》)

落花游丝白日静，鸣鸠乳燕青春深。(《题省中院壁》)

古往今来皆涕泪，断肠分手各风烟。(《公安送韦少府》)

桃花细逐杨花落，黄鸟时兼白鸟飞。(《曲江对酒》)

有名的《登岳阳楼》那首五律，中间四句，都用了当句对法。所以“东南”并不对“日夜”，“亲朋”也不对“老病”，而是各自作对。后来元稹《褒城驿》诗：“四年三月半，新笋晚花时”，也是用的当句对法。因为用的人多，到晚唐李商隐竟以《当句有对》为题。

三是“流水对”。也叫作“走马对”或“活对”。律诗因拘于对偶，容易流于呆板，这种对法，能化板为活。因为上下两句，一意贯串，如流水不断，故叫“流水对”。杜甫用得最多也最好。例如：

所向无空阔，真堪托死生！（《胡马》）
遥怜小儿女，未解忆长安！（《月夜》）
已近苦寒月，况经长别心！（《捣衣》）
天子多恩泽，苍生转寂寥！（《奉赠卢五丈》）
喜无多屋宇，幸不碍云山。（《茅堂检校》）
十室几人在？千山空自多！（《征夫》）
谁怜一片影，相失万重云？（《孤雁》）

这是五言。七言的，如：

岂有文章惊海内，漫劳车马驻江干？（《宾至》）

安得仙人九节杖，拄到玉女洗头盆！（《望岳》）

岂谓尽烦回纥马，翻然远救朔方兵？（《诸将》）

花径不曾缘客扫，蓬门今始为君开。（《客至》）

我已无家寻弟妹，君今何处访庭闱？（《送韩十四》）

有名的《闻官军收河南河北》的七律，写得那样一气呵成，自然如话；还有那首写寡妇扑枣的《又呈吴郎》，写得那样委婉曲折，便都和用流水对有关。大概流水对多半有"虚字"斡旋，寓散行于对偶之中，所以活灵。鲁迅先生的"忍看朋辈成新鬼？怒向刀丛觅小诗！"也是流水对。现在作诗，虽不求对偶，但要了解古典诗歌和古典作家作诗的甘苦，是不能不知道一点的。此外还有蹉对、类对、扇对、连珠对等等，无关紧要了。

最后，我们说"字法"的变化。

这里主要是谈词类的变化。陈望道先生《修辞学发凡》叫作"转品"，就是把某一类品词转化作另一类的品词来用，如以名词为动词、动词为名词之类。这类转品用法，周代以来便存在着，如"彼白而我白之"（《孟子·告子篇》），上"白"字是形容词，下"白"字便是动词；又如"入其门无人门焉者，入其闺无人闺焉者"（《公羊传》），上"门"字、"闺"字是名词，下“门”字、“闺”字便是动词。又如“行贤而去自贤之行”（《庄子·山木篇》），上“贤”字是形容词，下“贤”字便是动词。过去把这种词类的变化称为“实字虚用，虚字实用”。

我们知道，杜甫是“读书破万卷”的作家。在这方面，他也继承了前人的经验并有所发展。我们先拿名词来说，有以名词为动词的。如“白羽曾肉三狻猊”（《王兵马使二角鹰》），不说“杀”而说“肉”。又如：

> 不劳烈士泪滂沱，男谷女丝行复歌。（《蚕谷行》）

“谷”和“丝”都是名词，这里却转化为动词，相当于“耕”和“织”。又如《课伐木》诗：

> 清晨饭其腹，持斧入白谷……人肩四根已，亭午下山麓。

这里“饭”字、“肩”字都作动词用。此外《彭衙行》的“怀中掩其口，反侧声愈嗔”；《往在》的“京柏不再火，泾渭开愁容”，以“声”代“哭”或“叫”，以“火”代“焚”，也都是例证。

有以名词作形容词用的。如：

篱边老却陶潜菊，江上徒逢袁绍杯。（《秋尽》）

这是比较突出的例子，因为用的不是一般名词，而是专名（人名）。《秋兴》的："红豆啄余鹦鹉粒，碧梧栖老凤凰枝"，与此类似，并不是什么倒装句。

有以名词作副词用的。如：

雨抛金锁甲，苔卧绿沉枪。（《游何将军山林》）

抛甲于雨中，所以说"雨抛"；卧枪于苔上，所以说"苔卧"，表示"将军不好武"。又如：

风餐江柳下，雨卧驿楼边。（《舟中》）

这里"风"和"雨"两名词也是用作副词来形容动词"餐"和"卧"的。"路人纷雨泣"的"雨"字，用法也一样。也有用来形容形容词的，如《古柏行》："大厦如倾要梁栋，万牛回首丘山重"，是说像丘山一般的重。

我们再拿动词来说。有以动词为名词的，如：

转惊波作怒，即恐岸随流。(《巴西驿观江涨》)
即今倏忽已五十，坐卧只多少行立。(《百忧集行》)

有以动词为副词来形容另一动词的，如：

吏呼一何怒，妇啼一何苦。(《石壕吏》)
一夫怒临关，百万未可傍。(《剑门》)
自谓颇挺出，立登要路津。(《奉赠韦左丞丈》)

有以不及物动词用作及物动词的，如：

竖毛怒我嗁。(《无家别》)
无食起我早。(《雨过苏端》)
时危惨淡来悲风。(《题李尊师松树障子歌》)

如果将这里的“怒”字和“长淮浪高蛟龙怒”的“怒”比较，将这里的“起”字和“在家常早起”的“起”比较，将这里的“来”字和“风来北斗昏”的“来”比较，我们就很容易看出杜甫字法的变化。

最后，我们再拿形容词来看。这一词类的变化也很多。有以形容词作名词用的，如：

黄落惊山树，呼儿问朔风。(《耳聋》)

岱宗夫如何？齐鲁青未了。(《望岳》)

青惜峰峦过，黄知橘柚来。(《放船》)

这里“青”字都指山色，“黄”指橘柚的颜色。又如：“绿垂风折笋，红绽雨肥梅。”绿和红也都是用作名词。

有以形容词作动词的，如：

草黄骐骥病，沙晚鹡鸰寒。(《寄第五弟丰》)

所谓“草黄”实即草枯的意思。最奇怪的，是杜甫有时把这个“黄”字用作及物动词，例如：“霜黄碧梧白鹤栖”(《暮归》)。所谓“霜黄碧梧”，就是说严霜把碧梧的叶子变黄了，等于“霜凋碧树待锦树”的“霜凋”。但杜甫在这里不用霜凋而用霜黄，大概是为了和“碧”“白”二字配搭，使诗的——亦即景物的颜色，更为鲜明。又如：“倾壶箫管黑白发，舞剑霜雪吹青春”（《暮秋枉裴道州手札》），这里“黑”字也是作及物动词用的，极写当时饮酒听歌观舞剑的快乐心情。从这种小地方，我们也正可以看出杜甫“一字不苟”的精神和他的创造性。

此外，还有以形容词作副词的。且以“大”字为例，有用来修饰动词的，如“今年大作社”（《遭田父泥饮》），又“大庇天下寒士俱欢颜”（《茅屋为秋风所破歌》），又“大降湖南殃”（《入衡州》）。有用来修饰副词的，如“江流大自在”（《放船》）。这种词类的转变，如果用得恰当是可以增加诗的简洁生动、新鲜活泼的。

以上，我们分从“概括”“准确”“变化”三方面叙述了杜诗语言的精练性。当然，这三方面也并不是可以截然分开的，只是一个大致上的说法。

大家知道，苏联的天才诗人马雅可夫斯基，是永远不倦地寻求那个只有它才能把事物的本质表现出来的唯一的字眼的，他曾写道：“只为了一个字眼，要耗费，千百吨，字汇的矿物。”杜甫也正具有这种刻苦精神。没有任何人会怀疑马雅可夫斯基是为字眼而字眼。

4. 韵律的精严性

这是我们要论述的杜诗艺术性最后的一个特征。一般地说，诗的语言，不仅应该是精练的语言，而且应该是音乐的语言。因为它不仅要使读者看起来顺眼，想起来有味，而且要叫人读起来顺口，听起来悦耳。这是诗的特征，诗的权利，同时也是诗的义务。但要完成这一义务，就必须在表达思想感情的同时，兼顾到诗的音韵、节奏和声调的抑扬等。

在古典诗人中，杜甫在这方面的努力也是“惊人”的。他说：“诗律群公问”（《寄沈八丈》），又说：“遣辞必中律”（《桥陵诗》），又说：“文律早周旋”（《哭韦大夫之晋》），又说：“晚节渐于诗律细”（《遣闷戏呈路十九曹长》）；而且把“诗律”的作用看得很高：“思飘云物外，律中鬼神惊！”（《赠郑谏议》）因此，杜甫的律诗，固然是声调铿锵，就是他的古诗，也是毫不拗口的。

关于杜诗韵律的精严这一项，我们打算分别从“押韵”和“调声”两方面来介绍。在介绍之前，我们先略谈一下平仄四声的问题，因为“押韵”和“调声”都跟四声分不开。所谓四声，即平、上、去、入。上、去、入三声统叫作“仄”（亦作侧），与平相对，所以四声也就是平仄。这平仄四声，是我们中国语言文字本身早就存在着的内在因素，并不是什么人从外面强加上去的。但是它的被发现并被有意识地运用到文学创作上却是齐梁时代的事。到了唐代，便形成了律诗和律赋，以后的宋词、元曲，也都和平仄分不开。所以范文澜先生说：“如果没有平仄，就不会有唐以后的文学（指韵文——引者）。”（《中国通史简编》）这是很实在的话。唐以后的作家，为什么这样重视平仄四声呢？这是因为四声各自具有不同的声调，所谓“平声柔而长，上声厉而举，去声清而远，入声短而促”，如果能做适当的调配，那么这种抑扬亢堕的声调就不仅有助于语言本身的和谐，而且有助于思想感情的表达。

现在，先谈“押韵”方面的问题。

有韵的不一定就是诗，但诗确应该有韵，鲁迅先生也是这样指示我们的。前人有把一首诗的韵脚比作车轮的，我觉得很有道理。他说：“夫韵，歌诗之轮也，失之一字，全舆有所不行，职此故也。”（《唐音癸签》卷四，引遯叟）在押韵上，杜甫很讲究，古体和近体有严格的区别，但不是我们所要讲的。我们在这里只提出与创作有关的三种押韵方法。

第一种是随情押韵。杜甫经常是在很大的程度上根据自己当时的感情需要来决定所押的韵部的。例如有名的两首长诗——《赴奉先咏怀》《北征》，都是用的入声韵，这是因为这种“短而促”的所谓“哑音”的入声，更适合于表达他那沉痛、郁悒的情绪。又如《遭田父泥饮》那首诗，所以能把那位田父的声音笑貌和他自己的喜不自禁之感写得跃然纸上，栩栩如生，也是和所押的“厉而举”的上声韵大有关系的。这当然只是一个粗糙的说明。仔细分析起来，每一声里所包括的韵部也还是有区别的。例如平声韵东、冬、江、阳等便较适合于表达欢乐、开朗的情绪，而尤、幽、侵、覃等则较适合于表达忧愁。我们只要将杜甫沦陷在长安时所作的《春望》和他在梓州作的《闻官军收河南河北》两首诗对照一下便可看出这种区别。前者押的“侵”部的韵，后者押“阳”部韵，都和杜甫那时的情绪相适应。由此可见，杜甫对押韵是有所选择的。

第二种方法是平仄换韵。或者说平仄错综递用。就是平韵和仄韵在一篇中倒换着用。近体诗只准押平韵，而且不得换韵，所以这一条所讲的，只限于古体诗。杜甫的古诗，有一韵到底的，也有一首换上好几个韵的。在这些换韵诗中，我们可以发现一个基本原则，就是平仄互换。有的诗，竟达到这样的严密：不只是韵脚一平一仄，丝毫不爽，而且平韵多少句，仄韵也是多少句。《洗兵马》《丹青引》便是典型的例子。《洗兵马》共四十八句，起十二句用平韵，次十二句换仄韵，又次十二句换平韵，最后十二句再换仄韵；《丹青引》共四十句，起八句用平韵，次八句换仄韵，又次八句换平韵，再次八句换仄韵，最后八句又换平韵。我们不经分析，是很容易忽略作者的用心的。其他换韵的诗，虽不尽然，但总是以平仄错综为原则的。这种平仄轮换的押韵法，一方面可调叶全篇节奏，使不流于单调；另一方面也可以更好地显示出作者思想感情的变动。

第三种是使用逗韵。所谓逗韵，就是当换韵时，在上一句（过去叫作“出句”或“单句”）就押上所要押的韵，作为第二句（过去叫作“对句”或“双句”）的一个引子，使读者至此仍可顺口而下，不致感到别扭。这种换韵法，前人已有用的，但不如杜甫的严格。上举《洗兵马》和《丹青引》在这方面也是最典型的。现在且结合前两种方法举《兵车行》做一个总的例子（用◎代平韵，用⊙代仄韵，用△代逗韵，用¬表示换韵）：

车辚辚，马萧萧◎，行人弓箭各在腰◎。
爷娘妻子走相送，尘埃不见咸阳桥◎。
牵衣顿足拦道哭，哭声直上干云霄◎。¬（平韵起）
道旁过者问行人△，行人但云点行频◎。
或从十五北防河，便至四十西营田◎。
去时里正与裹头，归来头白还戍边◎。¬（一换平）
边庭流血成海水△，武皇开边意未已⊙。
君不闻汉家山东二百州，千村万落生荆杞⊙。¬（二换仄）

纵有健妇把锄犁，禾生陇亩无东西。
△ ◎

况复秦兵耐苦战，被驱不异犬与鸡。¬（三换平）
◎

长者虽有问，役夫敢申恨？¬（四换仄）
△ ⊙

且如今年冬，未休关西卒。
⊙

县官急索租，租税从何出？¬（五换仄）
⊙

信知生男恶，反是生女好。
⊙

生女犹得嫁比邻，生男埋没随百草！¬（六换仄）
⊙

君不见青海头，古来白骨无人收。
△ ◎

新鬼烦冤旧鬼哭，天阴雨湿声啾啾！¬（七换平）
◎

根据上诗，我们可以看出以下几点：一是换韵处多半用逗韵。这首诗共换了七次韵，有五处用逗韵，只“且如”和“信知”两句没有用（这和句子的简短有关）。二是平仄韵是错综着用的。这诗共用了八个韵，四仄四平（“人”和“频”在“真”部，“田”和“边”在“先”部，但“真”“先”两部古时通用，故只得四平）。在轮换上虽不像《丹青引》那样的一丝不乱，但大体上是错综的。这就构成诗在声调上的抑扬起伏。三是换韵处也往往就是思想感情和口吻的转换处。譬如“边庭流血成海水”四句忽换用猛烈的上声韵，就是为了表达那位“行人”说到这里感情更为激动愤慨的缘故。假如改押入声韵，便不响亮。应附带指出的是，这首诗还有好几处用了民歌常用的接字法，所以特别好读，好记。（详见附一：《学习人民语言的诗人——杜甫》一文）

由此可见，在艺术地完成任何一篇富有人民性的诗的过程中，杜甫都是付出了他的大量的心血，尽了他最大的努力的。同时也体现了他那高度的全副艺术修养。

其次，我们再谈“调声”方面的问题。

杜甫不仅注意句末的押韵，同时也注意句中及句与句间的声调之美，这非常突出地表现在他的律诗中。例如《春宿左省》诗：“不寝听金钥，因风想玉珂。”黄生说：“不寝，即不寐，然必用上声字始响。”（《杜诗说》卷四）这说法是符合于杜甫当时的创作情况的。他确是有所选择，不是随随便便的。我们只要参看《秋峡》诗“不寐防巴虎，全生狎楚童”，在这里，他不用“不寝”而用“不寐”，就可以知道。正由于杜甫注意诗的声调，所以，一般人写作律诗，都只是按照“正格”和“偏格”这两个固定的格式来写，便算尽了“调声”的能事，而他却别有他的独到和独创的手法。现在我们也提出三种：

第一种，单句的末一字，上、去、入三声轮用。这是清初李天生的发现。我们知道，律诗共八句，一、三、五、七为单句（出句），二、四、六、八为双句（对句），双句必须押韵，单句除第一句可押韵可不押韵外，其余三、五、七句的末一字，概须用仄声。但因上、去、入三声都是仄声，同时律诗也未规定必须三声轮用，因而便产生了单句末一字连用三个上声或四个去声的现象。连用三个上声字的，如王维《送杨少府贬柳州》诗中的“远”“口”“子”；连用四个去声字的，如戴叔伦《除夜宿石头驿》诗中的“问”“夜”“事”“鬓”。杜甫律诗最多，却没有这种单调现象。现以《登岳阳楼》为例：

昔闻洞庭水（上声），今上岳阳楼。
吴楚东南坼（入声），乾坤日夜浮。
亲朋无一字（去声），老病有孤舟。
戎马关山北（入声），凭轩涕泗流。

由此也就可见杜甫诗律的精严。这绝不是偶然，也不是无所谓的。在这里我们感到情调与声调的统一。

第二种，是运用“双声”“叠韵”的复音词。凡两字同发声的叫作“双声”，如玲珑、仿佛等；凡两字同收声的叫作“叠韵”，如伶仃、糊涂等。这种复音词，这种由双声或叠韵组成的词汇，本身就具有优美的音乐性，前人说：“叠韵如两玉相扣，取其铿锵；双声如贯珠，取其宛转。”（《贞一斋诗话》）所以，如果我们能将这种复音词加以适当的配搭，自然会加强诗的语言的音乐性。毛主席的《长征》诗：“五岭逶迤腾细浪，乌蒙磅礴走泥丸。”其中“逶迤”便是叠韵，“磅礴”便是双声，并在一定的位置上彼此相对。

双声叠韵早在《诗经》《楚辞》里便已有了。但有意地运用却始于六朝，而杜甫则是古典诗人中用得最多和最精的。清乾、嘉间，周春作《杜诗双声叠韵谱括略》一书，便是专门阐明杜甫这一特点的。但书中有所谓“双声正格”“叠韵正格”等等，则未免过繁，无必要。我们这里只举一些例子说明有这么一回事就行(用圈代双声，点代叠韵)：

1. 美名人不及，佳句法如何？(《寄高书记》)

2. 卑枝低结子，接叶暗巢莺。(《游何将军山林》)

3. 支离东北风尘际，漂泊西南天地间。(《咏怀古迹》)

4. 无边落木萧萧下，不尽长江滚滚来。(《登高》)

5. 新松恨不高千尺，恶竹应须斩万竿。(《将赴成都草堂》)

6. 老来多涕泪，情在强诗篇。(《哭韦大夫》)

7. 束缚酬知己，蹉跎效小忠。(《遣闷呈严公》)

8. 怅望千秋一洒泪，萧条异代不同时。(《咏怀古迹》)

9. 不为困穷宁有此？只缘恐惧转须亲。(《又呈吴郎》)

10. 为人性僻耽佳句，语不惊人死不休。(《江上值水如海势》)

以上这些例都是律诗句。从其中可以看出杜甫运用双声叠韵的精严和变化：有双声、叠韵自相对的，也有互相对的；在两句中的位置，有的相当，有的不相当（如第七、第十）；两句之中，有多至三用（如第六）或四用的（如第八）；也有和重言（叠字）配合的（如第四）。大约以不单用，即对称的使用为基本原则。律诗在平仄上的组织，本已具有一种音乐美，现在杜甫又进一步地把这些顺口和悦耳的复音词运用进去，自然可以使得诗的语言更形音乐化，更能感动人。

杜甫在古诗中，有时也用双声叠韵，但一般不如律诗之多而且严。有这样一种特殊情况：他有时使用双声叠韵，不是为了取得语言的和谐，而是相反地，要造成语言的不和谐，通过这种不和谐的突兀的诗句来表达他自己突兀的感情。例如《茅屋为秋风所破歌》的结语："呜呼！何时眼前突兀见此屋，吾庐独破受冻死亦足!"任何人读到这两句诗，大概都会有一种"崎岖不平"的感觉。这是因为他用了"呜呼""眼前""突兀""吾庐"四个本极和谐的叠韵词，却和"见此屋""独破受冻死亦足"十个"短而实"的仄声字配搭在一起的缘故。很明显，杜甫在这里不是追求语言的滑溜，而是有点故作生硬、别扭。他似乎要读者一个字一个字地慢慢地咽下去，牢牢地记住它。

第三种，是打破成规，自创音节。具体地说，就是创作拗格的七言律诗。这是杜甫所独擅的。似易实难，后人多不敢学。我们提出这一条，意思也只在于说明杜甫对诗的声律的重视以及诗的声律跟诗的密切关系。怎样才算拗格？怎样拗法？则不是这里所要谈的。

概括地说，所谓拗格律诗，便是在平仄的组合上，打破固定的匀整的格式而自创音节的一种律诗。因为在这种拗格律诗中他有时甚至插入古诗的句子，所以前人说是"律中带古"。这是杜甫的一个创造。但这一创造，也是有他内在的要求做背景的。他的政治抱负，他的艰苦生活，都使他不能不悲愤填膺、牢骚满腹，于是他便创为这种拗律来表达他那突兀不平的"拗情"。他写了不少这一类的拗律，我们只要读一下下面这首《白帝城最高楼》也就可见一斑，这是一首全拗的拗格律诗：

城尖径仄旌旆愁，独立缥缈之飞楼。
峡坼云霾龙虎卧，江清日抱鼋鼍游。
扶桑西枝对断石，弱水东影随长流。
杖藜叹世者谁子，泣血迸空回白头！

为了显示这首拗格律诗的平仄和一般通用的律诗平仄的差异，以便说明问题，特作一对照表如下：

	原诗的平仄							规定的平仄（正格）							
1	平	平	仄	仄	平	仄	平	平	平	仄	仄	仄	平	平	
2	仄	仄	仄	仄	平	平	平	仄	仄	平	平	仄	仄	平	
3	仄	仄	平	平	平	仄	仄	仄	仄	平	平	平	仄	仄	
4	平	平	仄	仄	平	平	平	平	平	仄	仄	仄	平	平	
5	平	平	平	平	仄	仄	仄	平	平	仄	仄	平	平	仄	
6	仄	仄	平	仄	平	平	平	仄	仄	平	平	仄	仄	平	
7	仄	平	仄	仄	仄	平	仄	仄	仄	平	平	平	仄	仄	
8	仄	仄	仄	平	平	仄	平	平	平	仄	仄	仄	平	平	

和五言律诗一样，七言律诗的平仄谱也分“正格”和“偏格”两种（详见下章）。第一句第二字用平声起的叫作“正格”，杜甫此诗第二字“尖”字是平声，所以我们这里用七律“正格”

的平仄谱做对照。从上表我们可以很清楚地看出二者之间的差异，除了第三句的平仄是符合规格之外，其他七句便全不符合，特别是第二句、第四句和第六句，末三字皆平声，过去谓之“下三连”，尤为律诗所忌。但从这里也正可看出杜甫不肯落前人窠臼的创造精神。如果我们曾读过些一般律诗再来读这一首诗，那么我们就会立刻感觉到这首诗的声调之特殊。但是，我们不要以为这是杜甫形式主义地在那里故意搞什么花腔，不是的。因为这种特殊的音节，乃是由他在这首诗中所要表现的特殊的情景所决定，并与之相适应的。

以上，我们介绍了杜诗艺术性的四个特征，即：形式的适应性、描写的客观性、语言的精练性和韵律的精严性。而这四个特征又都是为他那高度的人民性和现实主义精神服务的。

别林斯基说：“在创作中，从而在形式中的真正独创性，只有当诗人忠实于现实和真实的时候才是有可能的。”（转引叶戈洛夫：《反对艺术理论中的主观主义》）杜甫诗所以能够从内容到形式都富有独创性，正是由于他是一个忠实于现实和真实的诗人。他的丰富的生活经验，高度的祖国爱，使他不仅有着非写诗不可的内在要求，而且有着非把诗写好——亦即忠实于现实和真实的责任感。当然，他那渊博的知识，他那严格要求自己的创作态度，也都是构成他那富有独创性的现实主义的诗篇的因素。

关于杜甫的作品，个人限于水平和学力，说得很不全面，也不深入。要使诗人杜甫不致有“未见有知音”的喟叹，这就需要我们大家来研究发掘。不能说，杜甫的创作经验，对我们今天的新诗写作，没有一定的借鉴作用。

五、杜诗的体裁

正如有些同志说的：我们的祖国是一个诗的国家。的确，只就有文字记录的来看，三千多年来，我们祖国人民的歌声和诗人的吟咏就一直没断绝过。诗的体裁也不断地在翻新。

正是在这一优越的历史条件下，在这一丰富而多彩的诗歌遗产的基础上，才出现了唐朝这样一个诗的黄金时代，才出现了像杜甫这样一个“集大成”的作家。道理很明显：必须先有“大成”可“集”，然后才谈得到“集大成”。

杜甫的集大成，虽说是多方面的，但在诗的体裁上却表现得极为具体而突出。陈毅同志《吾读》诗说：“吾读杜甫诗，喜其体裁备。”正是指的这一点。因为他具备了两汉以后、唐以前的一切诗体，而唐以后直到“五四”以前也都没有人能够超出他的范围，所以我们特辟一章来加以叙述。同时，杜甫既然是集古典诗体之大成的作家，那么通过对他一人的诗体介绍也就可以使我们明了所有一切古典诗歌的体裁，这对于广大的缺乏古典诗歌素养的知识青年来说，我想，也未尝不是一个方便。

在上一章论述杜甫的作品时，我曾指出杜诗艺术上的特点之一是“形式的适应性”，就是说，他能根据诗的内容极其适当地使用各种不同的诗体。这是不错的。但杜甫到底使用了哪些诗体？到底是在怎样的情况下来使用的？以及这些诗体本身到底是个什么样子？有哪些不同的特点？对于这些问题，都没有来得及说。而这，也就是本章所要谈论的。

杜甫使用的诗体，可分为两大类：一是“古体诗”，另一是“近体诗”。现在先谈古体诗。

（一）古体诗

我们先说一说什么是古体诗。唐以前早有古体诗，却没有“古体诗”这一名称，这一名称是到唐代才有的。最早见于杜甫送苏徯的诗：“早作诸侯客，兼工古体诗。”

为什么到唐代才有所谓“古体诗”这一说法呢？这是因为到唐代又新成立了一种“近体诗”，又称“今体诗”，也就是“律诗”。这种“近体诗”，讲平仄，拘对偶，字句韵脚，都有限制，和原有的传统诗体处于“分庭抗礼”的对峙状态，为了和这种新兴的“近体诗”区别开来，所以便有了“古体诗”的说法。后来谈论中国古典诗歌的也就一直沿用。因为古体诗是指的过去的一种传统的诗体，所以唐人也有称“古体”为“往体”的（见皮日休：《松陵集序》）。但这一名称不大通用。本质地、概括地说，所谓“古体诗”和“近体诗”，它们之间的区别，其实就是“自由诗”和“格律诗”的区别。

“古体诗”本可包括一切非格律的诗，但照唐以后的习惯用法，则专指汉魏六朝的诗，一般不包括《诗经》在内，因为大家已不再模仿四言体。所以唐人的“古体诗”主要只有两种格式：“五言古体”（通常简称“五古”）和“七言古体”（通常简称“七古”）。杜甫所作的，也只这两种。现分别叙述于后：

1. 五言古体

所谓五言古体诗，从它的来源上看，也可以说是民歌体的诗。因为它来源于民间，是人民创造的，汉民间乐府中便有不少出色的现实主义的五言民歌。如《陌上桑》《孔雀东南飞》等。

从它的格式上来看，五言古又可以说是“五言自由式”的诗。因为除了五个字一句和两句一押韵（汉诗也有一句一押韵的）之外，便百无禁忌。它不受字声（平仄）的限制，可一句全平，以杜诗为例，如“天明登前途”；也可一句全仄，如“路有冻死骨”，至“壁色立积铁”（《铁堂峡》）则五字且全属入声。它也不受字数的限制，有话则长，无话则短，杜诗有长至数百字的，如《北征》《赴奉先咏怀》等；有短至数十字的，如《望岳》等。在押韵上，它可押平声韵，也可押仄声韵，一首诗中，并可以换韵，甚至有时犯重韵，也可以通融，如《石壕吏》前有“有吏夜捉人”，后又有“室中更无人”（此句虽非韵脚所在，但仍有犯重韵的嫌疑）。还有，它不拘对偶，可以全篇散行。

总之，五言古体诗的伸缩性，它的弹性是很大的，同时，由于五字一句，不太长，也不太短，比之四字一句要灵活得多。这也就是说，它的表现的性能特别强，既便于抒情，也便于写景和叙事。正是基于这些有利的条件，所以杜甫经常使用这一诗体，数量达二百七十一首之多，以字数而论，在各体中占第一位；而他的富于现实性、人民性的诗，也绝大部分属于这一体，如“三吏”“三别”等等。这自然不是偶然的。

五言古体，是汉魏南北朝以来早已成熟了的一种诗体，但杜甫也有所创造变化，这就是创为三韵六句的格式。他有《三韵三篇》，我们举一篇为例：

烈士恶多门，小人自同调。

名利苟可取，杀身傍权要。

何当官曹清？尔辈堪一笑！

我国诗歌，一般都是四句成章。所以不是两韵四句，便是四韵八句，像这样畸形的三韵六句是绝少见的。

2. 七言古体

现在我们再说杜甫的七言古。七言古体诗，在起源上，和五言古体诗一样，也是来自民间，由人民创造的。但也有一点不同，就是七言古体诗的产生，同时又或多或少直接间接地受到《楚辞》的影响。这现象却是五言古诗所没有的。

七言古诗的起源时代并不晚于五言古诗，也是起源于西汉。但在发展上，却远远落后于五言诗。五言诗到汉末建安时（3世纪初）已取得正统地位，压倒一切，而七言诗才初步地引起文人们的注意。到宋元嘉时（5世纪中叶）鲍照出来，七言虽有了进一步的发展，但作者还是不多。可以说，七言古诗，一直到唐朝才得到充分的发展，才和五言古诗“并驾齐驱”并“驾而上之”。所以，从诗体的发展上来说，唐人写作五言古诗只不过是一个继承和解放的过程，而唐人的写作七言古诗，则是一个发扬和创造的过程。七言古体诗才是唐诗独有的面目，才是唐人的拿手好戏。杜甫在这一诗体上的创造也比较多。

在一般规格上，七言古体和五言古体一样，也是差不多“百无禁忌”的。但也有几点不同：第一，它比五古每句要多两个字。这是和五古的基本区别，也是一望而知的。因为句子比五古长，所以唐人又称七古为“长句”。如杜甫《赠苏端薛复》诗：“近来海内为长句，汝与山东李白好。”（也有指七言律的，如白居易《闻李尚书拜相，因以长句寄贺微之》，他所寄的“长句”就是一首七律。又白居易《招萧处士》诗：“能饮两杯酒，善吟长句诗。”也是指的七律。但不普遍。）第二，它容许在一首诗中兼用长短不齐的杂言，如《兵车行》，有三字句，也有五字句，不完全是七字句。这种现象是五古所没有也不容许有的。在这一点上，七古比五古还要自由些。因为这种长短句的诗体导源于汉乐府的“歌”和“行”，所以七言古又往往称为“七言歌行”。第三，在押韵上，五古差不多无例外地都是两句一押，七古则往往一句一押。杜甫所作，如《饮中八仙歌》便是全篇每句押韵，《丽人行》也是大部分每句押韵。

诗句的长短，和诗的表现性能是密切关联着的。由于七古是一种“长句”，是一种“大刀阔斧”，同时又容许兼用长短句，这就规定了它的本身具有一种便于作者驰骋纵横、发扬蹈厉的优越条件，所以最适宜于表现较大的事物和大喜、大悲、大怒一类奔放豪宕、勃不可遏的感情，因而也就形成了七言古体诗那种汪洋恣肆、波澜壮阔的独特格调。

我们知道，杜甫是一个有政治抱负的诗人，他关心国家，关心人民，可是他却生当一个“万方多难”的时代，自己又过着颠沛流离的生活，所以他的感情，特别容易激动，他固然有大悲、大怒的时候，但也不是没有大喜的时候。为了更好地更充分地表达出这些感情，在这种时候，他通常就使用七古这一诗体。比如《哀江头》《哀王孙》《悲陈陶》《悲青坂》《同谷县作歌七首》《茅屋为秋风所破歌》等，有的写亡国之痛，有的写身世之苦，都是“长歌可以当哭”的。再如《兵车行》《醉时歌》《短歌行赠王郎司直》《莫相疑行》《岁晏行》等，有的直斥统治阶级的穷兵黩武、贪污剥削，有的嘲笑衮衮诸公的“尸位素餐”，有的同情才士们的失意，则都是充满着愤怒的情绪的。我们知道，杜甫是一个虚心的作家，但有时对于一般无知而又不自量的俗物，也忍不住要破口大骂。如《莫相疑行》：“寄语悠悠世上儿：不争好恶莫相疑！”这真是怒形于色了。在诸如此类的场合，用七言长句，自然有助于感情的发泄。至于用来表达狂欢大喜的心情的，《洗兵马》是最明显的例子。诗的一开头就说：“中兴诸将收山东，捷书夕报清昼同。河广传闻一苇过，胡危命在破竹中。”接着又说：“二三豪俊为时出，整顿乾坤济时了。东走无复忆鲈鱼，南飞觉有安巢鸟。”又说：“寸地尺天皆入贡，奇祥异瑞争来送。不知何国致白环，复道诸山得银瓮。”所有这些诗句中歌颂祖国中兴的喜悦之情，也都由于使用七古这一诗体而更形洋溢。

杜甫的七言古诗，现存一百四十五首。从这一诗体的发展过程来看，杜甫有不少新的创造。

第一，创为九字、十字乃至十字以上的长句。九字句的如《天育骠骑歌》：“如今岂无騕褭与骅骝，时无王良伯乐死即休。”又《茅屋为秋风所破歌》：“何时眼前突兀见此屋，吾庐独破受冻死亦足！”这都是用在结尾处的。也有用在篇中的，如《入奏行》：“炯如一段清冰出万壑，置在迎风露寒之玉壶。”十字以上的可以《短歌行》为例：

王郎酒酣拔剑斫地歌莫哀：
我能拔尔抑塞磊落之奇才！
豫章翻风白日动，
鲸鱼跋浪沧溟开。
且脱佩剑休徘徊！
西得诸侯棹锦水，

欲向何门趿珠履？
仲宣楼头春色深，
青眼高歌望吾子。
眼中之人吾老矣！

首二句皆长十一字，为前所未有。真如“狂风卷浪，势欲滔天”。也有八字句、九字句、十字句和十一字句混合用的，如《桃竹杖引》：“杖兮！杖兮！尔之生也甚正直。慎勿见水踊跃学变化为龙。使我不得尔之扶持，灭迹于君山湖上之青峰！噫！风尘澒洞兮豺虎咬人，忽失双杖兮吾将曷从？”像这样长短错综，参差历乱的句调，也是空前的。当然，对于杜甫的创为长句，我们不应做形式主义的理解，因为他不是单纯地从形式出发，而是为了适应他的内心的要求。

第二，在七古中杜甫还创为“三平调”这一特殊的音节。什么是“三平调”呢？这就是“双句”，或者说“对句”，也就是二、四、六、八等必须押韵的句子，其末三字都用平声字。所以，三平调的出现，只有在押平声韵的时候才成为可能。现以《岁晏行》为例（字旁用圈表示平声，用点表示仄声）：

岁云暮矣多北风，潇湘洞庭白雪中。

渔父天寒网罟冻，莫徭射雁鸣桑弓。
去年米贵阙军食，今年米贱大伤农。
高马达官厌酒肉，此辈杼轴茅茨空。
楚人重鱼不重鸟，汝休枉杀南飞鸿。
况闻处处鬻男女，割慈忍爱还租庸。
往日用钱捉私铸，今许铅铁和青铜。
刻泥为之最易得！好恶不合长相蒙！
万国城头吹画角，此曲哀怨何时终？

这是杜甫老年漂泊湖南时写的一首诗。其中除第二句、第六句外，其他如四、八、十、十二、十四、十六、十八诸句，其末三字概是平声。这当然不是一种偶然的现象，而是有意识的创造。我们读者也觉得别有一种音节。这种三平调在杜甫其他押平声韵的七古中也常用到，但不如这首诗的显著。后来韩愈、苏轼诸人专学此种，于是所谓“三平调”便成为写作平韵七言古诗的一种定式。

第三，创为每章五句的畸形体。我国诗歌，一般都是两句一韵，因之，一首诗的句数总是偶数。杜甫却打破了这一成规，如《曲江三章章五句》：

自断此生休问天！杜曲幸有桑麻田。
故将移往南山边。
短衣匹马随李广，看射猛虎终残年。

这是三章中的一章。因中间插入“故将移往南山边”这样一个独立的韵，所以形成此式。杜甫久困长安，毫无出路，心中非常别扭，这种读起来颇带“别扭味”的拗格古诗，正是和他当时的心情相适应的。

第四，在七古的写作上，杜甫还创为一种有规律性的押韵法。这就是我们在论杜诗的艺术性时曾提到的平仄换韵法。在那里我们只举出了《洗兵马》《丹青引》两篇诗名，现录《丹青引》全诗于后：

将军魏武之子孙，于今为庶为清门。
英雄割据虽已矣，文采风流今尚存。
学书初学卫夫人，但恨无过王右军。
丹青不知老将至，富贵于我如浮云。

(以上八句平声韵)

开元之中常引见，承恩数上南薰殿。
凌烟功臣少颜色，将军下笔开生面。
良相头上进贤冠，猛将腰间大羽箭。
褒公鄂公毛发动，英姿飒爽来酣战。

(以上八句仄声韵)

先帝御马玉花骢，画工如山貌不同。
是日牵来赤墀下，迥立阊阖生长风。
诏谓将军拂绢素，意匠惨淡经营中。
斯须九重真龙出，一洗万古凡马空！

(以上八句平声韵)

玉花却在御榻上，榻上庭前屹相向。
至尊含笑催赐金，圉人太仆皆惆怅。
弟子韩幹早入室，亦能画马穷殊相。
幹惟画肉不画骨，忍使骅骝气凋丧？

(以上八句仄声韵)

将军画善（一作善画）盖有神，偶逢佳士亦写真。
即今飘泊干戈际，屡貌寻常行路人。
途穷反遭俗眼白，世上未有如公贫。
但看古来盛名下，终日坎壈缠其身。

(以上八句平声韵)

杜甫以前的诗人已多少意识到平仄换韵能够调节诗的声调的作用，但都没有做到像杜甫这样的整齐划一。特别值得注意的，是每当换韵的地方，也就是诗的内容和作者的思想感情变换的地方。这当然也不是什么偶然，而是出于杜甫的“惨淡经营”。

（二）近体诗

现在我们再谈杜诗体裁的第二类——近体诗。“近体诗”唐人有时也简称为“近诗”，如元稹《见人咏韩舍人（愈）新律诗，因有戏赠》：“喜闻韩古调，兼爱近诗篇。”所谓“近诗篇”，即近体诗篇。前面说过，近体诗是唐人为了区别于他们以前的“古体诗”而言的。因为是当时形成的一种新诗体，所以他们又称为“今体诗”，如张籍诗：“今体诗中偏出格。”又齐己诗：“今体尽搜初剖判。”其实，近体诗也不是无源之水，无本之木，因为它是沿袭齐梁以来讲究“四声八病”的“永明体”（亦称“新体诗”）而成功的，不过到了唐初经沈佺期、宋之问的加工才成为定式罢了。

关于杜甫的近体诗以及近体诗的一般情况，我们分作三组来介绍。第一组，“律诗”；第二组，“排律”；第三组，“绝句”。

1．律诗

什么是律诗？律诗这一名词，有广狭二义：广义的相当于“近体诗”，狭义的则专指五言八句或七言八句的律诗。我们这里用的是狭义的。所谓“律诗”，从它的实质来说，可以称为“音律诗”，因为平仄的配搭像音乐一般有一定的旋律；从它的严格性来说，又可称为“格律诗”，因为有许多规格，而且像法律、纪律一样，严不可犯。所以王世贞《艺苑卮言》（卷四）说：“律如音律、法律，天下无严于是者。”钱木庵《唐音审体》也说：“律诗始于初唐，至沈、宋而其格始备。律者，六律也。谓其声之协律也；如用兵之纪律，用刑之法律，严不可犯也。”又《柳亭诗话》也说：“律之为用，见之于乐与兵与刑，而诗亦遵之。一字弗当，一音弗和，与破律失律背律等。”都是这个意思。按白居易《寄西川杜相公》诗："诗家律手在成都，权与寻常将相殊。裁剪五言兼用钺，陶钧六义别开炉。"则唐人写作律诗的严格可见。[按杜甫曾说其子"觅句新知律"(《又示宗武》)，又元稹答谢其姨兄胡灵之诗也说"诗律蒙亲授"，看来诗律在唐时已成为一种专门知识，所谓"新知律"，即初知诗律之意。]

律诗的体式有两种，即五律和七律。但不管五律或七律，除平仄各有定谱外，还必须遵守以下几条共同的规则：第一，每句字数只准五个字或七个字，不能增减；第二，每篇句数只准八句，不能多也不能少；第三，中间四句必须作成对子；第四，只准押平声韵，不准押仄声韵；第五，只准两句一押韵(第一句可押韵可不押)；第六，不准换韵；第七，不准有重复的韵脚；第八，一首诗中，不准有重复的字；第九，一、三、五、七等不押韵的单句，其末一字必用仄声，而且要上、去、入三声间隔着用。

现在，将五律的和七律的平仄谱分别介绍于后，并附论杜甫对这两种诗体的运用。

(1) 五言律诗平仄谱　五言律诗的平仄谱有两个：一是"正格"，也叫"仄起格"，即第一句的第二字是仄声；一是"偏格"，也叫"平起格"，即第一句的第二字是平声。

①正格谱（以杜甫《江汉》为例）

起句	仄⃝仄平平仄	江汉思归客，（入）
	平平仄仄平（韵）	乾坤一腐儒！（韵）
次联	平⃝平平仄仄	片云天共远，（上）
	仄⃝仄仄平平（韵）	永夜月同孤。（韵）
三联	仄⃝仄平平仄	落日心犹壮，（去）
	平平仄仄平（韵）	秋风病欲苏。（韵）
结句	平⃝平平仄仄	古来存老马，（上）
	仄⃝仄仄平平（韵）	不必取长途。（韵）

说明：凡有圈者，表示可平可仄（下同）。第二句、第四句的第一字必平，王渔洋“律诗定体”有说明：“五律凡双句二四（指第二字、第四字）应平仄者，第一字必用平，断不可杂以仄声。以平平止有二字相连，不可令单也。其二四应仄平者，第一字平仄皆可用，以仄仄仄三字相连，换以平字无妨也。大约仄可换平，平断不可换仄，第三字同此。若单句第一字可勿论。”“次联”也叫作“颔联”，“三联”也叫作“颈联”。称为“联”，因为这四句必须对。第一句如押韵应为“仄仄仄平平”。

②偏格谱（以杜甫《遣兴》为例）

	格律	诗句
起句	㊣平平仄仄	干戈犹未定，（去）
	㊀仄仄平平（韵）	弟妹各何之？（韵）
次联	㊀仄平平仄	拭泪沾襟血，（入）
	平平仄仄平（韵）	梳头满面丝。（韵）
三联	㊣平平仄仄	地卑荒野大，（去）
	㊀仄仄平平（韵）	天远暮江迟。（韵）
结句	㊀仄平平仄	衰疾那能久？（上）
	平平仄仄平（韵）	应无见汝时！（韵）

说明：第四句、第八句的第一字必用平，理由同前。第一句如押韵应为“平平仄仄平”。（五律以首句不押韵为正。）

千百年来的五言律诗，总不出以上两谱。虽然其间也有不少小变化。根据这两个谱，我们可以看出律诗对平仄安排的几个法则：第一是句中平仄的调匀。第二是上句与下句之间平仄的相反。第三是上联与下联之间平仄的黏合。过去叫作“黏法”。如第三句第二字及第四字的平仄必须与第二句第二字及第四字的平仄相同（第五句与第四句，第七句与第六句也一样）。

如应用仄而反用平，或应用平而反用仄，即为“失黏”，亦即不合规格（拗格又当别论）。第四是后四句的平仄，只是前四句的重复，形成一种周而复始的旋律。当然，律诗中平仄互换位置的变通办法也不少，这里不去细说。

平仄的限制是这样严，还要避免上面提出的九条禁忌，束缚，诚然是束缚。但由此也可以使我们明了唐人作诗的刻苦性，为什么他们经常说到“吟诗”、说到“苦吟”。

一方面由于五律在当时是一种新兴的诗体，另一方面也由于五律是一种法定的诗体（唐以诗取士，说得具体点就是以五律取士），所以五律在唐代特别通行，特别发达，差不多没有一个诗人不作。杜甫的五律也特别多，计有六百二十几首，以篇数论，几占现存全诗的一半。其中用“正格谱”的又远较用“偏格谱”的为多。

杜甫的五律，值得注意的有两点，第一是平仄的变化。杜甫注意诗律，并精于诗律，故能为诗律的主宰。如“草木岁月晚，关河霜雪清”（《送远》），上句五字皆仄，下句有四字属平，尤极变化。但由于上句五字是“上入去入上”三声递用，下句平声字也是阴平阳平错开，所以声调还是和谐的。第二点是抒情的内容。由于五律局限性很大，不适宜于刻画人物和叙述复杂的事件，所以杜甫从不用这一诗体来摹写具有戏剧性的人民生活，而主要是用来抒情。但由于杜甫是一个爱祖国爱人民的诗人，他的感情交织着人民的感情，因而在这些律诗中也仍然闪烁着人民性的光芒。这种人民性往往表现为“一针见血”和“意味深长”的高度提炼。如“不过行俭德，盗贼本王臣”之类的诗句。高尔基在《回忆契诃夫》一书中曾说：“他用一种诗人的崇高的语言和幽默家的讽刺的微笑来描写了人生的丑恶，很少有人能够在他的短篇小说的美丽的形式后面，看出那个严厉责斥的含意来。”这段话对我们了解杜甫的五律以及七律是一个很好的启发。

（2）七言律诗平仄谱　和五律一样，七言律诗平仄谱，也只有“正格”和“偏格”两个。所不同的，是五律以第二字仄起为正格，而七律则以第二字平起为正格，五律以第二字平起为偏格，而七律则以第二字仄起为偏格。这种正格和偏格之分，是前人根据唐人作品数量的多寡来定出的，并不是一种主观的臆断。

①正格谱（以杜甫《诸将》为例）

起句	㊉平㊀仄仄平平（韵）	洛阳宫殿化为烽，（韵）
	㊀仄平平仄仄平（韵）	休道秦关百二重！（韵）
次联	㊀仄㊉平平仄仄	沧海未全归禹贡，
	㊉平㊀仄仄平平（韵）	蓟门何处尽尧封？（韵）

三联	平⃝平仄⃝仄平平仄	朝廷衮职虽多预，
	仄⃝仄平平仄仄平（韵）	天下军储不自供。（韵）
结句	仄⃝仄平⃝平平仄仄	稍喜临边王相国，
	平⃝平仄⃝仄仄平平（韵）	肯销金甲事春农。（韵）

说明：这个谱其实就是在五律正格每句头上加上两个字而成功的。七律八句的第一个字可不拘平仄。五律以第一句不押韵为正常，七律则以第一句即押韵为正常，因为句子较长。其他与五律同。第一句如不押韵应为平平仄仄平平仄。

②偏格谱（以杜甫《将赴成都》为例）

起句	仄⃝仄平平仄仄平（韵）	常苦沙崩损药栏，（韵）
	平⃝平仄⃝仄仄平平（韵）	也从江槛落风湍。（韵）
次联	平⃝平仄⃝仄平平仄	新松恨不高千尺，
	仄⃝仄平平仄仄平（韵）	恶竹应须斩万竿！（韵）
三联	仄⃝仄平⃝平平仄仄	生理只凭黄阁老，
	平⃝平仄⃝仄仄平平（韵）	衰颜欲付紫金丹。（韵）
结句	平⃝平仄⃝仄平平仄	三年奔走空皮骨，
	仄⃝仄平平仄仄平（韵）	信有人间行路难！（韵）

说明：杜诗第八句“行路难”的“行”字是平声，而按谱应用仄声，为什么可以这样做呢？这就是王渔洋说的“大约仄可换平”的道理。过去有所谓“一三五不论，二四六分明”的说法，是不完全正确的，因为一三五也并非可以完全不论。

千百年来的七言律诗，也总不出以上两谱。作为一种新兴诗体，从它的发展上来看，杜甫可以说是七律的第一位大作家。理由是：第一，他写了一百五十一首七律，这数量，超过了他以前初唐和盛唐诗人们所作七律的总和。第二，在思想内容上，他赋予了七律以战斗性。杜甫以前，几乎没例外，七律一般都是用来作“奉和”或“应制”这类阿谀的官样诗体的，杜甫却大大扩充了七律的领域，往往用来感叹时事，批评现实，这是一个很大的演进。第三，他打破固定的谱式，自创音节，成功一种“拗格律诗”。（这点前已略有介绍，这里不再细说。）第四，风格沉雄悲壮，慷慨激昂。这和诗的内容固然分不开，可是和七律这一比较便于奔放驰骋的“长句”形式也有关联。至于以抒情为主，则是和五律大致相同的。还有一点，他创为“连章体”，如《秋兴八首》等。（关于杜甫的七律，胡震亨《唐音癸签》卷十已有所阐发，兹录之以供参考：“少陵七律与诸家异者有五：篇制多，一也；一题数首不尽，二也；好作拗体，三也；诗料无所不入，四也；好自标榜，即以诗入诗，五也。此皆诸家所无。其他作法之变，更难尽数。”）

2．排律

律诗之名，唐代已有，“排律”一名，则是元杨十宏所创的。唐人或称为“大律诗”。元稹《酬乐天东南行诗一百韵》自序云“此卷唯五言大律诗二首而已”。所谓“五言大律诗”，即五言排律。我们既已弄清楚了律诗，那么什么是排律，便可迎刃而解。因为所谓排律，就是律诗的延长或排列（自六韵至百韵均可）。所以排律这一组也只有两体，即五言排律和七言排律，也别无所谓排律的平仄谱。但除首尾各二句和律诗一样可以不对外，其他中间所有的句子都得作成对句，所以较律诗更束缚、更困难。现分别介绍。

（1）五言排律　五言排律即五律的延长。此体唐以前已具规模，如薛道衡的“昔昔盐”，但未成气。和五律一样，也有“仄起格”和“平起格”两种格式。现只举“仄起格”一种为式（因平起格可以类推），并以杜诗中比较短的一首五言排律——《送陵州路使君之任》为例证。

	格式：	诗例：
起句	仄⃝仄平平仄	王室比多难，
	平平仄仄平（韵）	高官皆武臣！（韵）
次联	平⃝平平仄仄	幽燕通使者，
	仄⃝仄仄平平（韵）	岳牧用词人。（韵）
三联	仄⃝仄平平仄	国待贤良急，
	平平仄仄平（韵）	君当拔擢新。（韵）
四联	平⃝平平仄仄	佩刀成气象，
	仄⃝仄仄平平（韵）	行盖出风尘。（韵）
五联	仄⃝仄平平仄	战伐乾坤破，
	平平仄仄平（韵）	疮痍府库贫！（韵）
六联	平⃝平平仄仄	众寮宜洁白，
	仄⃝仄仄平平（韵）	万役但平均！（韵）
七联	仄⃝仄平平仄	霄汉瞻佳士，
	平平仄仄平（韵）	泥涂任此身。（韵）
结句	平⃝平平仄仄	秋天正摇落，
	仄⃝仄仄平平（韵）	回首大江滨。（韵）

杜此诗共十六句，等于两首五律，所以在平仄上也等于两个五律“仄起格”（即“正格”）。又此诗十六句，除末二句外，

连不必对的首二句也是对句。当然，这还是“小焉者”。如《秋日夔府咏怀》长达一百韵，全诗两百句也都是对句。

杜甫五言排律，数量也不少，凡一百二十几首。虽多投赠之作，也有不少好的反映现实的诗。即从上举一诗，便可得到证明。如“战伐乾坤破，疮痍府库贫”，又“众寮宜洁白，万役但平均”，就不仅反映了当时战争的频繁、剥削的残酷和官吏的贪污，而且也反映了人民的愿望。所以这类诗也是值得加以注意的。

（2）七言排律 七言排律就是七律的延长。五排，杜甫以前还有，至七排，则是杜甫所创的。和七律一样，七排也只有“平起格”和“仄起格”两种格式。现只举“平起格”为式，并以杜甫《清明》诗为例。

	格式：	**诗例：**
起句	(平)平(仄)仄仄平平（韵）	此身飘泊苦西东，（韵）
	(仄)仄平平仄仄平（韵）	右臂偏枯半耳聋。（韵）
次联	(仄)仄(平)平平仄仄	寂寂系舟双下泪，
	(平)平(仄)仄仄平平（韵）	悠悠伏枕左书空。（韵）
三联	(平)平(仄)仄平平仄	十年蹴鞠将雏远，
	(仄)仄平平仄仄平（韵）	万里秋千习俗同。（韵）

四联	仄⃝仄平⃝平平仄仄	旅雁上云归紫塞，
	平⃝平仄⃝仄仄平平（韵）	家人钻火用青枫。（韵）
五联	平⃝平仄⃝仄平平仄	秦城楼阁烟花里，
	仄⃝仄平平仄仄平（韵）	汉主山河锦绣中。（韵）
结句	仄⃝仄平⃝平平仄仄	春去春来洞庭阔，
	平⃝平仄⃝仄仄平平（韵）	白苹愁杀白头翁！（韵）

说明：第十一句的“洞庭”二字作“仄平”，照谱应为“平仄”，这是一种平仄易位法，律诗中常用。

杜此诗共十二句，等于一首七律再延长半首。七律已够难作的，把七律再扩充为七言排律，那就太不简单了。所以杜甫也只写了四首，篇幅也都不长。

3. 绝句

我想先谈谈“绝句”这一诗体的起源及这一名称的由来。绝句的起源，和古体诗一样，都是直接来自民歌的。所不同的，是古体诗导源于两汉的民歌，而绝句则主要导源于南北朝——特别是南朝的五言民歌，如“吴歌”“西曲”之类。（两汉虽已有五言四句的民歌，但为数很少，影响不大。）至于绝句的正式成立，则和律诗一样，都是经过了齐梁“新体诗”的声律化到初唐才成为定型的。但“律诗”这名称是唐人自制的一块新招牌（“排律”是后人给唐人代制的），而“绝句”则是沿用南朝以来原有的旧招牌。

这“绝句”，在南朝时的含义也不同，最初是指没有完成的“联句”。原来南朝文人们有一种“联句”（也叫连句）的风气。所谓“联句”，是二人或二人以上在一起，先由一人唱出四句，然后由其他的人接下去各唱出四句而成功的一首诗。（这和唐以后的联句每人限定两句不同。）如果一人唱了四句，没有其他的人或者其他的人不能联唱下去，那么，这独立的四句诗，便被称为“绝句”或“断句”（《南史》卷十四：“宋晋熙义王刘昶奔魏，在道慷慨为断句诗。”所谓“断句”与“绝句”同义）或“联句不成”（何逊有《答江革联句不成》诗）。《南史》卷七十二载宋明帝说吴迈远“连绝之外，无所复有”，所谓“连”即“联句”，“绝”即“绝句”。可见“绝句”原来是对“联句”说的，是缘联句而产生的。

到梁陈时，“绝句”使用的范围已较广泛，凡是四句的小诗便都称为绝句了。所以《玉台新咏》有“古绝句”的名目。唐人的绝句虽有了固定的平仄，和南朝所谓绝句不同，但每首四句这一基本特征并没有改变，所以便沿用了这一旧名称。这就是绝句起源于民歌，而得名于文人的经过。

我们知道，律诗的基本特征是八句，而绝句则为四句，等于律诗的减半，但在平仄的规律上却又相同，所以唐人有时又管绝句叫作“小律诗”。如白居易诗：“大江深处月明时，一夜吟君小律诗。”（《江上吟元八绝句》）元稹则称为“两韵律诗”（《上令狐相公诗启》），又李汉编《韩昌黎集》，绝句也都归入律诗。但在写作的规则上，绝句也有不同于律诗的地方。第一，绝句可对可不对，一半对一半不对也可以；第二，绝句有时可以押仄韵；就是平仄也不似律诗那样森严（特别是五绝）。所以比之律诗具有较优越的条件，局限性较小。

和律诗、排律一样，绝句也只有两体，即五言绝句和七言绝句。六言绝句很少，在近万首的唐人绝句中只三十几首，杜甫也没有这一体，所以只谈上两种。

（1）五言绝句　五绝是五律的减半。也只有“仄起格”和“平起格”两种格式：

①仄起格（以杜甫《绝句二首》之一为例）

㊀仄平平仄	胡虏何曾盛？
平平仄仄平（韵）	干戈不肯休！（韵）
㊉平平仄仄	闾阎听小子，

㊀仄仄平平（韵） 谈笑觅封侯。（韵）

②平起格（以杜甫《归雁》为例）

㊉平平仄仄 东来万里客，
㊀仄仄平平（韵） 乱定几年归？（韵）
㊀仄平平仄 肠断江城雁，
平平仄仄平（韵） 高高向北飞！（韵）

杜甫五言绝句计三十一首，多为晚年漂泊西南寓居成都和夔州时所作。内容多写景物，但也有感怀身世和指斥时事的，即上二诗可见。

（2）**七言绝句** 七绝则是七律的减半。同样也只有“平起格”和“仄起格”两种格式：

①平起格（以杜甫《赠花卿》为例）

㊉平㊀仄仄平平（韵） 锦城丝管日纷纷，（韵）
㊀仄平平仄仄平（韵） 半入江风半入云。（韵）
㊀仄㊉平平仄仄 此曲只应天上有，
㊉平㊀仄仄平平（韵） 人间能得几回闻？（韵）

②仄起格（以杜甫《戏为六绝句》为例）

㊀仄平平仄仄平（韵） 不薄今人爱古人，（韵）
㊥平㊀仄仄平平（韵） 清词丽句必为邻。（韵）
㊥平㊀仄平平仄 窃攀屈宋宜方驾，
㊀仄平平仄仄平（韵） 恐与齐梁作后尘。（韵）

在古典诗体中，“绝句”可以说是后起之秀。唐人绝句，将近万首，不仅数量多，而且质量也高。它几乎独占了唐代三百年间的歌坛，从皇宫到旗亭，到处传唱的很多都是诗人们的绝句——特别是七言绝句。杜甫所作也不少，计一百零七首，比五绝要多两倍以上。无论从思想性上或艺术性上来看，杜甫七绝都可以说是“别开生面”“独树一帜”的。因为在思想内容方面，除一般的写景抒情之外，还触及许多大事件、大问题。有的歌颂祖国的统一，如《承闻河北节度入朝欢喜口号十二首》；有的暴露官军奸淫屠杀的罪行，如《三绝句》；有的则大发议论，批评当时诗坛那种目空一切的狂妄风气，如《戏为六绝句》。总之，上自国家大事，下至日常生活，凡题材不足以构成长篇的，他多半便用七绝来表达。因之，七绝在他手里也成了有力地反映现实的工具之一。

由于内容的庞杂而繁重，表现手法和语言风格也就很不一样。有的采用口语，质朴自然像《竹枝》歌谣，如《绝句漫兴》等。有的工整壮丽像律诗，如“两个黄鹂鸣翠柳，一行白鹭上青天。窗含西岭千秋雪，门泊东吴万里船。”有的上两句不拘平仄如七言古诗，下两句又对仗妥帖像律诗，如《夔州歌》十首之一：“中巴之东巴东山，江水开辟流其间。白帝高为三峡镇，夔州险过百牢关。”第一句七字皆平。也有押仄韵并且押重韵的，如《三绝句》之一：“前年渝州杀刺史，今年开州杀刺史。群盗相随剧虎狼，食人更肯留妻子。”但从这些地方，也可以看出杜甫忠于现实的创作态度。他绝不肯牺牲内容来迁就形式，宁可突破成规来保全内容。《唐宋诗醇》说杜甫的绝句“无意求工，而别有风致”。这话也有几分对。在写作时间上，和五绝相同，差不多全部都是晚年所作。

以上，我们分三组介绍了“近体诗”的六种诗体，并叙述了杜甫在这六种诗体上的不同成就。至于这六种诗体本身的优劣，从它们的表现力来衡量，我觉得王国维《人间词话》的说法是很公允的。他说：“近体诗体制，以五七言绝句为最尊，律诗次之，排律最下。”元稹曾特别推崇杜甫的排律，其实排律一体，虽难能，却并不可贵，杜甫虽曾用五言排律写出他集子中最长（一千字）的一首诗（《秋日夔府咏怀一百韵》），却并不能算是第一流的好诗。元好问嘲笑元稹说："少陵自有连城璧，争奈微之识碔砆。"是不无道理的。

总括起来说，杜诗的体裁，共计八种。即：五古、七古（包括长短句的歌行）、五律、七律、五言排律、七言排律、五绝和七绝。其中七言排律只四首，严格地说，只有七种。然而汉魏以后，所有古典诗歌的体裁已尽于此。能辨别杜诗的体裁，对其他古典诗歌也就不致"古""近"不分了。值得我们注意的，是杜甫不仅能极其恰当地使用这些诗体，而且能在这些诗体中都有其独创性。

最后，我们综合上文列一表，以结束本章。

杜诗体裁及各体数量对照表

- 诗体
  - （一）古体
    - （1）五言古体：271 首
    - （2）七言古体：145 首
  - （二）近体
    - 律诗
      - （1）五言律诗：621 首
      - （2）七言律诗：151 首
    - 排律
      - （1）五言排律：123 首
      - （2）七言排律：4 首
    - 绝句
      - （1）五言绝句：31 首
      - （2）七言绝句：107 首

上表，计古体两种，得诗四百一十六首；近体六种，得诗一千零三十七首。总计得诗一千四百五十三首。各体篇数，根据明金鸾重刻的《集千家注杜工部诗集》。

六、杜甫的影响

作为一个诗人，在我国文学史上，有没有第二个像杜甫这样得到后代文学家、政治家、哲学家和民族英雄一致的推崇和爱戴的呢？应该说：没有。

作为一部诗集，在我国无比丰富的文学遗产中，有没有第二部像杜诗这样受到千百年来一贯的热情的搜集、注解并刻行的呢？应该说：也没有。

我们用不着借助白居易的“杜甫陈子昂，才名括天地”和韩愈的“李杜文章在，光焰万丈长”，这一类备极推崇的赞美来做证明，我们只要看一看如下的有关杜甫文物的统计数字，也就可以确信无疑了。据新华社成都讯：“成都杜甫草堂，已搜集到关于杜甫的诗集和其他资料共有四百四十二部，三千七百七十多册；其中各种不同版本的杜诗就有一百六十一部，一千三百多册。还有杜甫的遗迹、祠宇、碑铭的照片、拓片和文物五百多件。文物中有元代以来二十多种不同的杜甫画像。”（见《光明日报》1955年5月10日）当然，这搜集还不是也不可能是完备的。

从这一历史事实，我们可以看到杜甫的荣誉，同时也可以看到杜甫影响的巨大、长远和深刻。

我们可以毫不夸张地说：自中唐以后，不仅是诗人，差不多所有的知识分子都没有不读杜甫诗的。他们都是从不同的角度来学习杜诗，在不同程度上成了杜甫的“私淑弟子”。1959年我国考古工作者在新疆若羌县发现维吾尔族——当时回纥族人坎曼尔写的两页《诗签》，第一页有他自作的《忆学字》一诗，末两句是：“李杜诗坛吾欣赏，讫今皆通习为之。”诗写于唐宪宗元和十年（815），由此可见，在杜甫死后不久，连边疆兄弟民族的知识分子也在传诵他的诗。当时郭受赠杜甫诗说“新诗海内流传遍”，宋人苏东坡也说：“天下几人学杜甫，谁得其皮与其骨？”正说明了这种情况。在这里我们且补充两个事例：一是罗大经的《鹤林玉露》所载的一件故事：

乾道（南宋孝宗年号）间，林谦之为司业，与正字彭仲举游天竺，小饮论诗，谈到少陵妙处，仲举微醉，忽大呼曰：“杜少陵可杀！”有俗子在邻壁闻之，遍告人曰：

“有一怪事，林司业与彭正字在天竺谋杀人。”或问：“其所谋杀者为谁?”曰：“杜少陵也。不知是何处人。”闻者绝倒。

这虽是笑话，但也可以看出当时一般文人们嗜好杜诗的狂热。另一是陆游的《杨梦锡集句杜诗序》所载南宋时的一般情况：

前辈于左氏传、太史公书、韩文、杜诗，皆熟读暗诵，虽支枕据鞍间，与对卷无异。久之，乃能超然自得。楚人杨梦锡才高而深于诗，尤积勤于杜诗，因以暇戏集杜句。(《渭南文集》卷十五)

宋时有一种“集句”的风气，就是摘取不同作家的诗句集合成另一首诗，王安石便是集句专家。所谓“集杜句”，则是专门摘取杜甫的诗句的，文天祥也曾作过，但却不是“戏”(详后)。除上举事例外，又蔡梦弼《杜工部草堂诗笺跋》也有“家传而人诵之”的话，足见熟读杜诗已成为当时普遍的风气。

由于杜甫是一个全面发展的所谓集大成的诗人，他总结了我国唐以前各时代的诗歌，“河海不择细流”似的吸收了过去各时代诗歌的特点，因之，他的创作不仅具有高度的思想性，同时也具有高度的多样的艺术性，而这也就是杜甫为什么在文学史上能起着如此巨大影响的原因。

为了比较便于全面地来说明问题，关于杜甫的影响，我们现在就分从思想内容和艺术创作两方面来叙述。

（一）思想内容方面

杜甫在这方面的影响是有伟大历史意义的。因为这影响所及，不仅在诗歌本身，而且也有关政治；他不仅教育了带动了后代一批批的进步诗人走上现实主义的道路，而且也教育了鼓舞了后代许多的政治家和民族英雄向恶势力、向外族侵略者进行英勇的斗争。现在提出以下三点：

第一，杜甫发扬了现实主义精神并开阔了中唐以后以白居易为首的现实主义的创作道路，使现实主义倾向在此后的诗歌中取得了支配地位。

大家知道，现实主义是我国文学的优良传统。然而，必须指出：在杜甫以前的诗歌，这种现实主义精神主要是存在于人民口头创作方面，如《诗经》和汉乐府，并不是所有的诗人都继承了——更不用说发扬了这种精神。相反的情况倒是严重的，譬如六朝诗人，特别是齐梁以后的诗人，便差不多都走着反现实主义的路数。所以，有意识地继承、发扬民歌的现实主义精神，并把这种精神通过自己的创作的感染力注射到当时和后代诗人身上从而给诗歌带来良好的效果的，不能不归功于杜甫。

第一个学习杜甫并指出杜甫这种带有划时代意义的功绩的是白居易。他在《与元九书》中说：

> 洎周衰秦兴，采诗官废，上不以诗补察时政，下不以歌泄导人情，用至于谄成之风动，救失之道缺，于时六义始刓矣！……
>
> 晋宋以还，得者益寡，以康乐（谢灵运）之奥博，多溺于山水；以渊明之高古，偏放于田园，江（淹）鲍（照）之流，又狭于此。如梁鸿“五噫”之例者，百不一二焉。于时六义寖微矣！
>
> 陵夷至于梁陈间，率不过嘲风雪、弄花草而已！……“余霞散成绮，澄江净如练”“离花先委露，别叶乍辞风”之什，丽则丽矣，吾不知其所讽焉！故仆所谓嘲风雪、弄花草而已。于时六义尽去矣！唐兴二百年，其间诗人不可胜数。所可举者，陈子昂有感遇诗二十首，鲍防有感兴诗十五篇。又诗之豪者，世称李杜。李之作，才矣奇矣！人不逮矣！索其风雅比兴，十无一焉！杜诗最多，可传者千

余篇。至于贯穿今古，覼缕格律，尽工尽善，又过于李焉。然撮其新安吏、石壕吏、潼关吏、塞芦子、留花门之章，“朱门酒肉臭，路有冻死骨”之句，亦不过三四十首。杜尚如此，况不逮杜者乎！仆尝痛诗道崩坏、忽忽愤发，或废食辍寝，不量才力，欲扶起之。……每与人言，多询时务；每读书史，多求理道。始知文章合为时而著！歌诗合为事而作！（《唐书》卷一百六十六）

从上引这段话中，我们可以看到白居易对杜甫诗所给予的空前的崇高评价，同时也可以看出杜甫对白居易的深刻而显著的影响。白居易的“诗歌合为事而作”的进步的文学观点，他那“不惧权豪怒”的创作意识，以及他那一百多首“讽喻诗”，特别是《秦中吟》十首和《新乐府》五十首这些辉煌的现实主义诗篇，从诗歌本身的传统来看，可以毫不夸张地说，都是在杜甫的直接影响下产生的。

杜甫不仅启发了白居易，同时也启发了白居易的一群诗友，如元稹、李绅、张籍诸人，在当时形成了一个现实主义的诗派。我们知道，在文学观点上，在风格上，韩愈都是和白居易不同的。但由于他毕竟是一个推崇杜甫的人，所以在一定程度上也同样受到杜甫现实主义的影响。例如《归彭城》：“天下兵又动，太平竟何时？讦谟者谁子？无乃失其宜！前年关中旱，闾井多死饥；去岁东郡水，生民为流尸。……我欲进短策，无由至彤墀。刳肝以为纸，沥血以书辞。”又如《马厌谷》：“马厌谷兮士不厌糠籺，土被文绣兮士无短褐。”讥切时事，同情人民，和杜甫精神基本上是一致的。

由于杜甫的感召，也由于白居易诸人的努力，到晚唐又出现了另一批现实主义诗人：聂夷中、杜荀鹤、皮日休、罗隐等。杜荀鹤也是有意识的现实主义作家，他的《自叙诗》说：“诗旨未能忘救物，世情奈值不容真。”所以他揭露统治阶级的罪恶也就异常尖锐，如《再经胡城县》：“去岁曾经此县城，县民无口不冤声；今来县宰加朱绂，便是生灵血染成！”

关于唐以后的诗，由于各个时代都有着它们各自的最“当令”的文学品种，所以一般文学史都绝少谈到。但是，我们必须指出：杜甫这种现实主义精神是贯串着宋、元、明、清各代的诗的。它并没有衰歇。假如我们不太形式主义地来看问题，那么我们还可以说，杜甫这种精神是流布在各个文学部门、感召了所有的文学作家的。不仅影响了诗人，也影响了伟大的小说家和戏剧家。像《水浒传》的“农夫心内如汤煮，公子王孙把扇摇”，《长生殿》的“可知他朱甍碧瓦，总是血膏涂！”，作为一种创作意识，我们能说和杜甫的“朱门酒肉臭，路有冻死骨”没有一脉相传的关联吗？

总之，把我国诗歌从六朝的田园山水、风雪花草、绮罗香泽中解放出来赋予巨大的社会内容和政治意义，使之成为反映社会生活、批判社会罪恶和推动社会前进的斗争工具，这便是杜甫的伟大贡献之一。

第二，杜甫还发扬了人道主义精神。在这一点上杜甫所起的教育作用也是巨大的。元人马祖常说杜甫：“平生无饱饭，抵死只忧时！”又明代理学家陈白沙也说：“拾遗苦被苍生累，赢得乾坤不尽愁！”这些诗句，不仅说明了杜甫忧国忧民的人道主义精神，同时也反映了这种精神对他们自身的影响。现在，我们再举大诗人白居易和大政治家王安石为例。

白居易是最善于向杜甫学习的，因为他能从大处着眼，从思想上、精神上着眼。在“杜甫的思想”一章中我已曾指出白居易的《新制布裘》《新制绫袄》两诗中所包含的人道主义思想是得到杜甫《茅屋为秋风所破歌》的启发教育。此外，如他的《观刈麦》诗：“今我何功德，曾不事农桑；吏禄三百石，岁晏有余粮。念此深自愧，尽日不能忘。”又《观稼》诗：“言动任天真，未觉农人恶。停杯问生事，夫种妻儿获。筋力苦疲劳，衣食常单薄。自惭禄位者，曾不营农作。饱食无所劳，何殊卫人鹤！”这种悔对劳动人民的人道主义精神，显然也是从杜甫得来的。比如杜甫说："生常免租税，名不隶征伐；抚迹犹酸辛，平人固骚屑！"（《赴奉先咏怀》）又说："此身免荷殳，未敢辞路难！"（《寒峡》）又说："指挥过无礼，未觉村野丑。"（《遭田父泥饮》）正是白诗的张本。

我们知道，王安石是我国历史上一位杰出的爱国政治家。他厉行农田水利、青苗、免役、市易、均输、保甲、保马等新法，减轻了人民的负担，发展了农业生产，增强了国防力量。但新法施行，并不是一帆风顺的，由于打击了大官僚、大地主、大商人的利益，从一开始就遭满朝文武的反对。但王安石并没有畏缩，也没有妥协，他坚持了自己的主张，宁可受排挤，穷居金陵。当然，王安石的厉行变法，是由当时社会的政治、经济和军事诸客观条件来决定的，但也得有一种进步的人生观来作为他的思想基础，而这就使我们不能不联想到他和杜诗的密切关系了。

原来，和白居易一样他也是一个杜诗的酷爱者，杜甫的追随者。早在他壮年为鄞县（浙江宁波）县令时，就曾致力于杜甫诗。他在《杜工部诗后集序》中说：

> 予考古之诗，尤爱杜甫氏作者。……世所传已多，计尚有遗落，思得其完而观之。然每一篇出，自然人知非人

所能为，而为之者惟其甫也，辄能辩之。予之令鄞，客有授予古之诗，世所不传者，二百余篇。观之，予知非人所能为，而为之实甫者，其文与意之著也。

可见他的爱好之深。他不仅注意到杜诗的“文”（艺术性），还注意到它的“意”（思想性），故对杜诗的真伪具有高度鉴别力，在杜诗辑佚的工作上也是一个功臣。王安石为什么这样酷爱杜诗呢？他自己有诗作答。《子美画像》云：

吾观少陵诗，谓与元气侔。……惜哉命之穷，颠倒不见收。青衫老更斥，饿走半九州。瘦妻僵前子仆后，攘攘盗贼森戈矛。吟哦当此时，不废朝廷忧。常愿天子圣，大臣各伊周。宁令“吾庐独破受冻死”，不忍四海赤子寒飕飕。伤屯悼屈止一身，嗟时之人我所羞！所以见公画，再拜涕泗流。推公之心古亦少，愿起公死从之游！

“吾庐独破受冻死亦足”，是杜甫《茅屋为秋风所破歌》的最后一句，集中地表现了杜甫深刻的人道主义精神。王安石在一千四百多首杜诗中独拈出这句诗来歌颂杜甫，这就充分说明了他酷爱杜诗的关键所在。正是这种人生观支持了鼓舞了他的变法斗争。根据“愿起公死从之游”这样一种无限向往的深情，使我们完全有理由有根据地来推想：这位大政治家的变法，未尝不是想通过自己的手来实现像他所敬爱的诗人所怀抱的那种“安得广厦千万间，大庇天下寒士俱欢颜”的宏愿的。《宋史》本传，说王安石做鄞县县令时，“起堤堰，决陂塘，为水陆之利；贷谷与民，立息以偿，俾新陈相易，邑人便之”。也就在这时，他还写了一首《感事》诗，一方面深切同情人民的疾苦：“丰年不饱食，水旱尚何有？”另一方面则痛骂地方官吏的无耻：“彼昏方怡然，自谓民父母！”没有这种热爱人民的人道主义作为思想基础，王安石后来的坚持变法也是难以想象的。

当然，受到杜甫人道主义精神的熏陶的绝不只白居易、王安石少数人，他们不过是其中最突出的一两个而已。

第三，杜甫还继承和发扬了我们中华民族爱国精神的优良传统，教育了、激励了后代，特别是当外族侵略、外族统治时代无数的爱国诗人和民族英雄。

我们说过：杜甫不只是一个伟大的现实主义诗人，同时他还是一个伟大的人道主义者和爱国主义者。他有着坚定的民族立场，高度的民族自尊心，他曾经以他的生命保全了民族气节。我们也曾指出过：在安史之乱以后，杜甫诗中开始出现了大量的“胡”“胡虏”“羯胡”“犬戎”等字眼。这种正义的痛斥，对于一个伟大的爱国诗人来说，是完全可以理解的。因为当时面对的是“负恩殊禽兽”、“杀戮到鸡狗”、大搞民族分裂的安史叛军，而杜甫本人又曾亲身经历了这场给广大人民带来的严重灾难。事实上，对付侵略的敌人，远不只是痛斥不痛斥的问题，而是消灭不消灭的问题。因为这关系到国家的生死存亡。

可是，由于在封建社会（资本主义社会也一样），种族歧视、种族压迫乃是不可避免的历史现象，所以每当异族统治阶级为巩固其统治而实行残酷的种族压迫的政策时，杜甫这种正义的痛斥便成了触犯忌讳的字眼，必须从他的诗集中挖去了。以清康熙初年刻本吴见思的《杜诗论文》为例，在这部书中，所有上面举出的那些字眼便全都开了天窗。譬如《北征》诗的“祸转亡胡岁，势成擒胡月，胡命其能久”一连三句中的三个“胡”字便都空了白。也有意本不在斥责而是“古已有之”的一般通行词汇如“胡马”“商胡”以及作虚字用的如“胡为”之类，也都一概在铲除之列。真是弄得“百孔千疮”。（康熙三十五年刻的黄生《杜诗说》则用“缺笔”的办法，“胡”字或缺左边的“古”，或缺右边的“月”。）这自然是种族压迫的瘢痕，同时也是杜甫爱国精神的标志。因为这些空白处，并不是真空，所有的读者都能在这些没有文字的地方读出更多的文字，受到更大的感动。(从今天来说，也能唤起并加强我们对整个阶级社会的仇恨。)

由于封建地主阶级的腐朽统治，宋以后不断地出现了异族统治的局面。伴随着这一历史情况，在我国文学史上也就出现了一系列的爱国诗人。其中最著名的是陆游和顾亭林。

像杜甫“穷年忧黎元”一样，陆游也是一个“一饭亦忧国”的诗人。他生当南宋偏安之际，眼看中原，沦于异族，所以不胜愤慨，连在梦中也不忘收复祖国的河山。如《楼上醉书》：“丈夫不虚生世间，本意灭胡收河山。岂知蹭蹬不称意，八年梁益雕朱颜。三更抚枕忽大叫：梦中夺得松亭关！”他活了八十几岁，临死时还留下一首充满爱国精神的遗嘱式的《示儿》诗：“死去元知万事空，但悲不见九州同。王师北定中原日，家祭无忘告乃翁！”

顾亭林身经亡国，正当“四海苍生痛哭深”的时代，饱尝“何地为吾土”的痛苦，又曾亲眼看到清军的屠杀，所谓“愁看京口三军溃，痛说扬州十日围”(清兵破扬州，下令屠城，十天后才“封刀”。详王秀楚：《扬州十日记》)。所以他的爱国的思想感情更为强烈。他参加了当时反清的军事斗争，失败后，他载着书籍，浪游大河南北，考察地形，仍志在恢复。他始终没有屈服，也不悲观。他说：“远路不须愁日暮，老年终自望河清！”表现了崇高的民族气节。

但是，陆游和顾亭林这两位爱国诗人却又都是杜甫诗的热爱者。陆游诗中提到杜甫的有十几处，他这样推崇杜甫：“天未丧斯文，杜老乃独出。”（《咏杜》）顾亭林也说：“绝代诗题传子美。”（《济南》）在他的《日知录》中对杜诗注解也多所发明。由此也就可见杜甫对这两位诗人的影响。

诗人外，如李纲、宗泽、文天祥等民族英雄也都受到杜甫爱国精神的感染和鼓舞。李纲是北宋末年一位爱国宰相。他反对割地议和，反对逃跑。他主张“固结民心”，抵抗金人。他要求惩办大汉奸张邦昌以“垂戒万世”，他对宋高宗说：“愿陛下勿以敌退为可喜，而以仇敌未报为可愤！勿以东南为可安，而以中原未复、赤县神州陷于敌国为可耻！”（《宋史》卷三百五十九）李纲这种民族意识，也是和他的爱好杜诗息息相关的。他在《杜子美》一诗中说：“杜陵老布衣，饥走半天下。作诗千万篇，一一干教化。……爱君忧国心，愤发儿悲咤。孤忠无与施，但以佳句写。……岂徒号‘诗史’，诚足继风雅。呜呼诗人师，万世谁为亚！”李纲还在《校定杜工部集序》一文中说到他读杜诗的体会：“子美之诗，凡一千四百四十余篇。其忠义气节，羁旅艰难，悲愤无聊，一寓于此。……时平读之，未见其工，迨亲更兵火丧乱，诵其词，如出乎其时，犁然有当于人心，然后知为古今绝唱也！”可见杜诗对他有着深刻影响。

宗泽是和李纲同时的一位爱国将领。他虽然没有正面地评论到杜甫诗，但根据《宋史》本传所载他临死时的事实，可以充分说明杜诗对他的影响之深。《宋史》卷三百六十：

> 泽威声日著，北方（金人）闻其名，常尊惮之。对南人言，必曰“宗爷爷。”……泽前后请上（高宗）还京（开封），二十余奏，每为（黄）潜善所抑，忧愤成疾，疽发于背。诸将入问疾，泽矍然曰：“吾以二帝（徽宗、钦宗）蒙尘，积愤至此。汝等能歼敌，则我死无恨。”众皆流涕曰：“敢不尽力！”诸将出。泽叹曰：“出师未捷身先死，长使英雄泪满襟！”无一语及家事，但呼“过河”者三而薨。都人号恸。

“出师未捷”二语是杜甫《蜀相》诗的末两句，是为诸葛亮而发的（诸葛亮伐魏，六出祁山，结果死在五丈原）。由此可见，宗泽平素就很熟悉杜诗。

文天祥，是我国历史上著名的民族英雄，同时也是诗人和词人。1278 年文天祥兵败被俘，汉奸张弘范强迫天祥写信招张世杰投降，天祥却写了一首自己的《过零丁洋》① 的诗给弘范，末二句是："人生自古谁无死？留取丹心照汗青！"

汉奸张弘范也只好"但称好人好诗，竟不能逼"（见诗后文天祥的自跋）。1279年文天祥被送到燕京，在路上，曾绝食八天，后来想到"委命荒滨，立节不白，遂复饮食"。到燕京后，敌人百般威迫利诱，文天祥死不屈服。1282年十二月初九被害。被害前，写了《正气歌》。

文天祥早年就酷爱杜诗，文集中有《读杜诗》② 一首，题跋中也常提到杜诗。在燕京坐牢的三年间，则专读杜诗，并将杜甫五言诗集成了二百首绝句（题为《集杜诗》）。所以他的朋友汪水云在吊他的诗中有"杜陵宝唾手亲拾"的话，就是指的这件事。文天祥在《集杜诗》的开头有这样一段自序：

---

① 文天祥的《过零丁洋》是一首七律，全诗如下："辛苦遭逢起一经，干戈寥落四周星。山河破碎风飘絮，身世浮沉雨打萍。惶恐滩头说惶恐，零丁洋里叹零丁。人生自古谁无死？留取丹心照汗青！"

② 文天祥的《读杜诗》也是一首七律，刻本《杜诗详注》的《诸家咏杜附录》中有此诗，最近文学古籍刊行社根据商务印书馆万有文库本重印的《杜诗详注》却独独遗漏了，今亦附录于此："平生踪迹只奔波，偏是文章被折磨。耳想杜鹃心事苦，眼看胡马泪痕多！千年夔峡有诗在，一夜耒江如酒何。黄土一丘随处是，故乡归骨任蹉跎！"二诗均见《文山全集》卷十四《指南录》中。前一首被俘之初所作，后一首则被俘至燕京后所作。

余坐幽燕狱中，无所为，诵杜诗。稍习诸所感兴，因其五言，集为绝句。久之，得二百首。凡吾意所欲言者，子美先为代言之。日玩之不置，但觉为吾诗，忘其为子美诗也！……子美于吾隔数百年，而其言语为吾用，非性情同哉？昔人评杜诗为诗史，盖以其咏歌之辞，寓纪载之实，而抑扬褒贬之意，灿然于其中，虽谓之史，可也。予所集杜诗，自余颠沛以来，世变人事，概见于此矣。(《文山全集》卷十六)

在这段自序后有一短跋："是编作于前年，不自意流落余生，至今不得死也！斯文固存，天将谁属？呜呼，非千载心，不足以语此！壬午正月元日文天祥书。"壬午是元世祖至元十九年，也就是文天祥就义的那一年。现在且举两首为例。第一百七十二：

济时肯杀身，(《寄唐使君》) 惨淡苦士志。(《送李大夫》)

百年能几何？(《别唐诚》) 终古立忠义！(《陈拾遗故宅》)

又第一百九十：

万古一死生，（《咏怀》）谁是长年者！（《玉华宫》）

我何长叹嗟，（《盐井》）短褐即长夜！（《遣兴》）

像这些诗句，的确能充分表现出文天祥的为国牺牲、视死如归的精神，无怪他说“但觉为吾诗，忘其为子美诗”。由此可见，在民族英雄文天祥的成长中，杜甫诗是起了很大的鼓舞和支持作用的。

清代初年——特别是康熙时，尽管统治者大兴“文字之狱”，企图用高压和恐怖手段来扑灭汉族人民的民族意识，然而注解杜甫诗的人，反而特别多，原因也就在于杜甫诗中存在着强烈的民族意识和爱国精神，所以他们想通过杜甫诗来唤起汉族人民向种族压迫者做斗争。

以上三点，便是杜甫诗在思想内容方面的影响。

（二）艺术创作方面

杜甫在这方面的影响也是巨大的、显著的。因为他同时还是一个非常重视艺术形式的作家。从诗的字法、句法、章法、韵法以及诗的各种体裁等方面来看，杜甫诗都曾有过影响。但这些影响是比较次要的，有的在“杜甫的作品”一章中已略谈及，所以不去细说。

在这里我们只提出以下三点主要的对后来诗歌创作有重大意义的影响，来加以说明。这三点影响是：

第一，杜甫创造了“即事名篇”的办法，为后代诗人创作现实主义的诗歌广开方便之门。

这一点，我在论杜甫的作品时已提到，这里将做一些补充并着重说明它的影响。

什么是“即事名篇”呢？说得通俗些，也就是因事命题，根据描写的对象来决定诗的题目。原来在唐——准确地说在杜甫以前，自魏晋而下，就一贯地流行着一种“拟古”的风气。诗人们往往借用汉乐府旧题，有的用这种旧题来描写时事，如曹操的《薤露》《蒿里》；有的则是专咏古题，如借用《乌生》来咏乌，借用《鸡鸣曲》来咏鸡等。对于后一类作品我们用不着惋惜，因为根本就无聊。问题是在于前一类有现实性的作品。因为，既然写的是“时事”，却安上了一个过时的古老的“旧题”，这就不仅造成“文不对题”的怪现象，而且不免模糊了诗的现实性与真实性。因为使读者捉摸不定，不知道你是在咏时事，还是在咏古事或咏古题。所以黄生在《杜诗说》卷二因论杜甫的“三吏”“三别”曾指出这种借用古题的坏处，他说：“诸诗（指“三吏”“三别”等）自制新题，便有千古自命之意。盖亦极厌六朝人拟作之不情耳。诗人好拟古，譬好妄语者，虽说实话，人亦不信。可以一笑。”这话虽有点诙谐，倒说得很有些道理，是颇符合实际情况的。

可是，这种矛盾现象，从曹操到李白，都一直存在着，没有得到解决。譬如李白对于唐玄宗的用兵吐蕃也是写过讽刺的诗的，然而他却借用古老的汉乐府旧题，如《战城南》《关山月》之类。对于杨国忠的用兵云南，李白也有诗讽刺，并且诗中还明白地写着：“渡泸及五月，将赴云南征”，然而他却用了一个极不相称的题目——《古风》。这就不免掩盖了诗的活生生的现实内容，削弱了诗的战斗力。

创造性地解决这一矛盾、打破这一僵局，使诗的标题和诗的内容完全趋于一致的是诗人杜甫。他学习了汉乐府“缘事而发”的精神来自创新题。譬如他反对当时穷兵黩武，便用《兵车行》标题，不再用《战城南》《从军行》《饮马长城窟行》这一类旧题；他讽刺杨氏兄妹的荒淫奢侈，便用《丽人行》标题，而不用——譬如说《长安有狭邪行》之类。这样一来，矛盾解决了，读者也自然会有一种耳目一新的感觉。所以明王世贞《艺苑卮言》说：“青莲（李白）拟古乐府，而以己意己才发之，尚沿六朝旧习，不如少陵以时事创新题也，少陵自是卓识。”（按：李白也偶有自制新题的，如《司马将军歌》，但他还是要在题下加上一条自注："代陇上健儿陈安。"所谓"陇上健儿"是指晋时的一篇题为《陇上歌》的乐府，因为第一句是"陇上壮士有陈安"。所谓"代"，就是拟古的"拟"。鲍照写了不少乐府诗，因为是借用旧题，所以都加上"代"字。)

旧习惯是不易纠正的，要改变几百年来的创作风气，当然更不容易，因为"积重难返"。所以，元稹对于杜甫这一革新曾大力加以表扬并向之学习。《乐府古题序》：

> 自风雅至于乐流，莫非讽兴当时之事，以贻后代之人。沿袭古题，唱和重复，于文或有短长，于义咸为赘剩。尚不如寓意古题，刺美见（现）事，犹有诗人引古以讽之义焉。曹刘沈鲍之徒，时得如此，亦复稀少。
>
> 近代惟诗人杜甫悲陈陶、哀江头、兵车、丽人等，凡所歌行，率皆即事名篇，无复依傍。余少时，与友人白乐天、李公垂辈，谓是为当，遂不复拟赋古题。(《元氏长庆集》卷二十三)

元稹在他的《叙诗寄乐天书》中更具体地说到他受杜甫影响的过程："仆九岁学赋诗。年十五六，粗识声病。适有人以陈子昂'感遇诗'相示，吟玩激烈，由是勇于为文。又久之，得杜甫诗数百首，爱其浩荡津涯，处处臻到，始病沈（佺期）宋（之问）之不存寄兴，而讶子昂之未暇旁备矣。今三十七矣，因撰成卷轴。其中有旨意可观而词近古者为《古讽》；意亦可观，而流在乐府者为《乐讽》；词实乐流，而止于模象物色者为《新题乐府》。”（《元氏长庆集》卷三十，有删节）所谓《新题乐府》也就是他上面说的“即事名篇”的作品。

由此可见，这一办法，在创作作风上是具有启后的巨大历史意义的。从杜甫以后，诗人们才完全摆脱了“沿袭古题”的积习，针对新的社会现实，制出全新的题目，写出全新的反映现实的诗。从元稹、白居易他们的新题乐府一直到清末黄遵宪的《台湾行》《东沟行》《悲平壤》《哀旅顺》《哭威海》，可以说都是沿着杜甫所开辟的这条路走的。应该指出，这种自制新题的办法，绝不仅是一个形式上的问题，它同时还影响到作家的创作方向。因为通过这种办法，无形中无异于指示诗人们要到那丰富的文学泉源中、到那社会现实和人民生活中去汲取诗的主题。

第二，杜甫大量地大胆地同时也是有所选择地采取口语入诗，从而提高了口语的地位，丰富了诗的语言，加强了诗的表现力，使诗更接近于人民大众，更能感染读者。这一影响也是显著的、巨大的。

杜甫以前，特别是在南朝时代，诗和口语简直是绝缘的。所以李白大骂：“自从建安来，绮丽不足珍！”而把诗的语言从绮丽中扭转过来走向清新自然，也就是李白的一大贡献。在他的诗中开始出现了不少的口语。

但是运用口语最多的也最彻底的还得算杜甫。譬如，他不说“食”而说“吃”，不说“餐餐”而说“顿顿”，不说“父母”而说“爷娘”，不说“高呼”而说“大叫”，不说“拜表称贺”而说“送喜”，不说“佳肴美酒”而说“肥肉大酒”。“臭”字，更是一般诗人所不肯用的，而他也一再地用到，如“朱门酒肉臭”“富家厨肉臭”。诸如此类的口头语，在他的诗中真是不胜枚举。所以他有许多谣谚式的诗句，如“挽弓当挽强，用箭当用长。射人先射马，擒贼先擒王”（《前出塞》）。也有全篇都接近口语化的，如《兵车行》“三吏”“三别”《茅屋为秋风所破歌》以及一部分绝句，乃至律诗。

从诗的语言的发展上来看，从六朝以来由于诗人们的一味追求典雅绮丽所造成的诗的语言的呆板和贫弱来看，杜甫这样大量使用普通口语，不能不说是一次很大的革新，不能不说是一次很大的解放！如果我们可以套用杜甫《丹青引》中赞美画家曹霸的两句诗，那么我们就可以这样说：“古典诗歌少颜色，先生下笔开生面。”由于杜诗的运用俗语这一现象非常突出，所以宋释惠洪在《冷斋夜话》中就已曾论到。他说：

> 句法欲老健有英气，当间用方俗言为妙。如奇男子行人群中，自然有颖脱不可干之韵。老杜八仙诗，序太白曰："天子呼来不上船"，方俗言也，所谓襟纫是也。"家家养乌鬼，顿顿食黄鱼"，川峡路人家多供乌蛮鬼，以临江，故顿顿食黄鱼耳。

这自然是一种纯艺术观点的解释。因为杜甫采用"方俗言"，并不是为了求得"句法的老健有英气"，而是为了更有力地更逼真地来反映生活。他的"朱门酒肉臭"的诗句便是明证。晋张华《轻薄篇》的"童仆余粱肉"，表现的对象和杜诗大致相同，而表现力的强弱则大相悬绝，活的口语的使用与否在这里便是一个重要的原因。但惠洪没有歧视这种"方俗言"，并能意识到它的优越性，把它比作"奇男子"，这观点，在那时来说，毕竟是少有的、可贵的、有一定进步性的。

第一个指出杜诗这一特色，并给予正确的估价的是元稹。他说："杜甫天材颇绝伦，每寻诗卷似情亲。怜渠直道当时语，不著心源傍古人。"（《酬孝甫见赠》十首之二）这"情亲"二字，正道出了"当时语"——口语的作用。宋鲁訔在《编次杜工部诗序》中对这一特色也有所表彰："骚人雅士，同知祖尚少陵，同欲模楷声韵，同苦其意律深严难读也。余谓少陵老人，初不事艰涩左隐以病人，其平易处，有贱夫老妇所可道者。"金人房皞《读杜诗》："后学为诗务斗奇，诗家奇病最难医。欲知子美高人处，只把寻常话做诗。"这些话也都道出了杜诗在这一方面的特点。

我们知道，形式是从属于内容而为内容服务的。由于白居易在诗的内容上继承了杜甫的现实主义精神，因此，在诗的通俗化上，在口语的使用上，他也就成了杜甫事业的继承者与推动者。他正面地提出了诗的语言的原则，即"非求宫律高，不务文字奇"。他的讽喻诗便是在这一原则指导下进行创作的。自然，这也是完全必要的。因为这类有目的的诗根本就不是写给自己看而是要给别人看的，不是不要别人懂而是尽可能地要别人懂。事实证明，这样写是有效的。据白居易自己说："闻《秦中吟》，则权豪贵近者，相目而变色矣！闻《登乐游园》寄足下（元稹）诗，则执政柄者扼腕矣！闻《宿紫阁村》诗，则握军要者切齿矣！"（《与元九书》）假如写得他们不懂，就不能收到"变色""扼腕""切齿"的效果了。相传白居易作诗，要老妪能解，否则就改。他的一部分讽喻诗，很可能是这样来写的。

在中唐，受到杜甫这一影响的，当然不只白居易和元稹。

像张籍、王建、刘禹锡等人的诗也都相当通俗。到了晚唐，已成为一种趋势，李肇《国史补》有“元和以后，学浅切于白居易”的话，即可证。其实白居易的“浅切”，还是导源于杜甫的。苏东坡尝说过：“街谈市语，皆可入诗，但要人镕化耳。”他这种论调，显然也是有见于杜诗。后来口头语言逐渐成为书写语言，取得了文学语言的资格，并产生了许多有价值的文学作品，特别是小说和戏剧，这主要当然是由于社会的发展，由于市民阶级的壮大；但从文学语言本身的传统变化来看，作为一个作家，杜甫也应当说是一个先行者。

一般封建文人，照例是形式主义地来理解所谓“雅”“俗”的。在他们看来，人民的口头语言，是不雅的，是俗气的，怪刺眼的。这就是为什么诗人杜甫在“诗圣”之外又落了一个“村夫子”头衔的原因。戴昺说得好：“少陵甘作村夫子，不害光芒万丈长！”（《杜诗详注·附录》）

第三，杜甫忠实于艺术创作的态度，为后代诗人、文学家树立了一个良好的榜样。

毛主席在《反对党八股》那篇演说中曾引证了鲁迅先生谈写文章的几条规则，其中之一是：“写完后至少看两遍，竭力将可有可无的字、句、段删去，毫不可惜。”（《二心集：答北斗杂志社问》）杜甫便是这样一个最不惜删改自己作品的诗人。他决不装腔作势，沽名钓誉，自命不凡。因此，他常常很坦白地说到他自己的刻苦的创作经验。他的诗是“吟”出来的，他常常说到吟诗和咏诗，如：“自吟诗送老”“吟诗解叹嗟”“独立苍茫自咏诗”。他一边吟，一边改，一直到自己觉得“毫发无遗憾”时这才“长吟”起来。所以说“赋诗新句稳，不觉自长吟”，又说“新诗改罢自长吟”。他的刻苦，竟到了这样惊人的忘我的地步：“语不惊人死不休！”不难知道，现在摆在我们面前的一千四百多首诗，曾经花费了诗人多少心血，曾经经过他多少次的长吟和修改。

但是，很可惜：杜甫留给我们的只是一个定本，他的腹稿本，当然看不到，就是他的改稿本，我们也看不到。要不然，这对于我们的写作该有多大的帮助。这使我不禁想起鲁迅先生在《不应该那么写》一文中所引惠列赛耶夫的一段话：

> 应该这么写，必须从大作家们的完成了的作品去领会。那么，不应该那么写这一面，恐怕最好是从那同一作品的未定稿本去学习了。在这里，简直好像艺术家在对我们用实物教授。恰如他指着每一行，直接对我们这样说——“你看——哪，这是应该删去的。这要缩短，这要改作，因为不自然了。在这里，还得加些渲染，使形象更加显

豁些。”

鲁迅先生也不胜惋惜地说：“这确是极有益处的学习法，而我们中国却偏偏缺少这样的教材。”

话虽如此，但杜甫忠实于创作的刻苦精神并没有消失。在中晚唐时期，“苦吟”差不多形成了一种普遍的风气，如孟郊、贾岛、李贺等便是最著名的苦吟诗人。其实，我们要知道，就是大诗人白居易的苦吟也并不在他们之下。我们且看他自己的介绍：“酒狂又引诗魔发，日午悲吟到日西。”（《醉吟》）又：“唯有诗魔降未得，每逢风月一闲吟。”（《闲吟》）又《闻龟儿咏诗》云：“怜渠已解咏诗章，摇膝支颐学二郎。莫学二郎吟太苦，才年四十鬓如霜！”则更说出了他吟诗时的姿态。和杜甫一样，白居易对于旧作也是经常修改的，所以说“旧句时时改”（《诗解》）。

当然，光凭苦吟是吟不出好诗来的。所以我们也不能片面地、孤立地单单学习杜甫这一点。如果“明明肚子里没有什么东西硬要拉屎”，那也是不行的。韩愈他们就是这样。韩愈野心很大，他想写出一些“险语破鬼胆”的诗句，但终因内容贫乏，思想不高，形式主义地只在字句上卖弄，如他的《南山》诗，一连用上五十个“或”字，便都是“硬拉”出来的。所以他失败了。贾岛用心更苦："两句三年得，一吟双泪垂。"但也由于脱离思想感情，没有诗，硬要作，所以尽管他耗费了一千多天工夫才得到的那两句诗——"独行潭底影，数息树边身"——实在不高明。但这都只能由他们自己去负责，我们绝不应因此得出创作可以"信手拈来"的结论。从总的情况来看，唐诗为什么在诗歌史上能达到登峰造极的地步，唐诗为什么至今还特别为我们所爱读，和唐代诗人那种不要命的苦吟也是分不开的。不是一篇一句，而是每一个字，他们都费尽了心血。所谓"一字师"的故事，也是从唐人开始的。

以上三点，便是杜甫在艺术创作方面的影响。当然是不够全面的。譬如对于各种不同的古典诗歌样式，杜甫都创造了出色的典范，也有过显著的影响，因比较次要，同时上一章已略论及，不多说了。

根据以上两方面的叙述，十分明显，诗人杜甫的影响是具有伟大历史意义的。这特别表现在思想内容方面，也就是他的现实主义、人道主义和爱国主义的伟大精神方面。他的功绩，他的贡献，不仅在当时，而且在后代百世；也不仅在少数诗人文学家，而且在整个祖国、全体人民。

因此，单纯地把杜甫作为一般诗人来看待，机械地只从文学的范畴、诗歌的范畴来考察杜甫的影响，我以为是不够的，是不公允的。我们应该实事求是。爱国诗人陆游曾愤慨地说过："后世但作诗人看，使我抚几空嗟咨！"的确，我们对诗人杜甫应该从大处着眼，才能做出足够的正确的评价。

我诚恳地希望得到读者的指教！——为了我们的诗人——杜甫。

附一：学习人民语言的诗人——杜甫

一

“要学人民的语言，人民的语言是很丰富的，生动活泼的，表现实际生活的。”这是毛主席1942年向文艺界发出的庄严号召，到现在已足足十年了。从近来一些刊物上所发表的言论以及报章上所揭载的工人同志们对文艺作品的反映来看，显然，我们的文艺界对于这一号召的重大意义，并非普遍地都有了足够的认识的。我们并不反对“以古为鉴”，因此，我愿意指出我们伟大的祖国最伟大的诗人——杜甫在这一方面的表现和成就，作为一个旁证；并借以证实毛主席这一号召并非从空中发出，而是从二三千年来许多优秀的文学家的创作经验中提示出来的，是创作经验的历史总结。

从一定的程度来说，我们称杜甫为学习人民语言的诗人，并不是完全新鲜而只是一个结合现实的应有的命题。因为早在中唐时代，诗人元稹就曾经指出了杜甫这一特点。他说：“怜渠直道当时语，不著心源傍古人！”（全诗见前）什么是“当时语”呢？那就是当时通行的人民的语言了。什么是“直道”呢？那就是大胆地使用了。我们知道，大诗人白居易的诗是以通俗易懂出名的，这正是承继了杜甫这一方面的衣钵。

其实，杜甫自己就曾这样明白地主张过。他说：“别裁伪体亲风雅，转益多师是汝师。”又说：“纵使卢王操翰墨，劣于汉魏近风骚。”什么是“风”？这便是诗经中的《二南》《十三国风》，这便是汉魏六朝的乐府歌辞。一句话，这便是生动活泼的人民的语言——民歌。什么是骚和雅？这便是接近民歌受民歌影响的文人制作。“亲风雅”，便是叫我们向民歌学习。他这样主张，也这样做了。诗人杜甫是善于虚心地广泛地学习的，但也很自负，对于前人推为诗中的周公、孔子的曹植，和与曹植齐名的刘桢，他竟然说“目短曹刘墙”，而对于民歌却始终没有表示过傲慢。从这态度上，我们也可以看出杜甫学习的方向了。

可是，由于杜甫所处的时代是一个封建的时代，一个封建的阶级社会，而阶级社会中的不同阶级不但有不同的政治标准，也有不同的艺术标准，所以他这种进步的主张和作风并不为当时封建贵族以及后来的贵族文人所欢迎，并没有得到应有的评价。唐代宗叫王缙搜集他死去的哥哥——王维的诗集子，而对于还活在世上的杜甫的诗，却不屑一顾。这虽然主要是由于杜甫诗的内容不为他服务，但形式上也不是毫无关系。到了北宋，“西昆派”的头子——杨亿更公开露骨地大骂杜甫是“村夫子”，清朝的王渔洋也和杨亿一鼻孔出气。杜甫的“三吏”“三别”是大家公认的好诗，然而元朝刘履却说是“鄙俚、终非雅韵”。总之，杜甫这一优点，这一——在那个时代说来，带有革命性的作风——是愈来愈模糊，愈来愈不为人所注意了。

在人民已然做了主人的今天，在伟大的毛泽东文艺理论的光辉照耀下，我们觉得有责任也有必要替这位热爱祖国热爱人民的诗人做一番“探赜索隐”的工作。而且也只有这样，我们才能对于这位诗人的成就有个比较全面的认识。

二

杜甫是怎样学习人民的语言或者说是怎样学习民歌的呢？这表现在以下几方面：

1. 民歌的体裁

元稹说杜甫“不著心源傍古人”，其实这也还是片面的看法，事实上杜甫也“学习古人的语言”，不过注重学习古时的民歌罢了。譬如“使君自有妇，莫学野鸳鸯”，便是用的汉民歌《陌上桑》：“使君自有妇，罗敷自有夫”的原句的；又如“旧犬喜我归，低徊入衣裾”等句，也便是学的北朝民歌《木兰诗》：“爷娘闻女来，出郭相扶将……”的句法的。前人还曾指出杜甫《丽人行》“头上何所有”诸语，是学汉乐府《陌上桑》，“慎莫近前丞相嗔”是学汉民谣“我欲击之丞相怒”，也是可信的。

这种对古时民歌的学习，在体裁上表现得尤为显著。大家知道，诗歌发展到唐，正所谓“话分两头”：一头是来自齐梁“新体诗”讲究“四声八病”的律诗；另一头，则是来自两汉民歌的五七言古体诗和来自六朝民歌的五七言绝句体。杜甫，是所谓集大成的作家。他写了不少律诗，也写了不少古体诗和绝句。但有一点值得我们注意：他并非漫无抉择地胡乱使用，而是极其科学地根据内容根据客观情况把两种诗体分了工。具体地说，便是：凡是写个人情事的大都用律诗，凡是刻画人民痛苦的则照例采用伸缩性较大的民歌体（即所谓古体）。例如，他有名的诗篇“三吏”“三别”等，便是五言古，他那惊人的名句：“朱门酒肉臭，路有冻死骨”，也是属于五言古的，至于《兵车行》《负薪行》《岁宴行》等等，则是七言古。他有时也用绝句来写，如《三绝句》之一：

殿前兵马虽骁雄，纵暴略与羌浑同。
闻道杀人汉水上，妇女多在官军中。

绝句流行到杜甫的年代，早已律诗化了（就是四句都有一定的平仄），但杜甫却不管这一套，他并没有严格遵守。前人有的说杜甫七绝不是“本色”，有的说鄙俚板涩，终是“别派”，都是鬼话！从绝句来源于民歌这一点来说，正是最本色、最正派不过的。正是他善于学习的地方。

拿方整的律诗来写多灾多难的人民生活状况的，怕只有那首《又呈吴郎》算是一个绝对的例外了。这首诗，杜甫写他同情于一个无食无儿常到他家来扑枣的寡妇，思想性是强的，但因为用的是律诗，尽管他力求朴素，力求自然，中间两联，还是显得做作，不够明白。同时又因为限于八句，也不可能把寡妇的苦状更形象化。所以，这首诗并没有达到内容与形式的高度统一，并不能算是杜甫最好的诗。

由上可见，杜甫不但使用了民歌的体裁，而且有效地使用了。这和他对于民歌的深入学习是分不开的。因此，他的最有价值的古典现实主义的作品几乎全部都是属于民歌式的古体诗。

我们知道，当一千一百多年前诗人杜甫度着苦难岁月的时代，也正是人民惨遭压迫的时代，他的诗篇根本不是写给人民读的，人民也不可能有这要求。今天，我们祖国社会已有本质上的变化，人民做了主人，人民要求文艺工作者创作他们“喜闻乐见”的东西，然而我们的诗作者却似乎还不大肯采用快板、相声、鼓词、山歌等民间文艺形式，这难道不值得我们深深地反省吗！

2. 民歌的手法

也许有人以为封建文人都是彼此相轻的，根本瞧不起老百姓的歌子；也许有人以为老粗唱的民歌根本没有什么表现手法可学。朋友，你这看法错了，至少不完全对。在文学史上有这样一种现象：凡是较为杰出的诗人都或多或少地学习了人民的语言，承继了人民语言的艺术性和优越性。前乎杜甫的如屈原、曹植、陶潜；和杜甫同时且是他的好友的如李白；后乎杜甫的如白居易和词中的歌手——柳永，都是显著的例子。

让我举曹植做一个实例吧。曹植有一首《美女篇》，是他有名的诗，其中写一个采桑女子的惊人的美丽有这么两句：“行徒用息驾，饥者以忘餐。”不写女子本身如何如何美丽，却从旁观者的忘形来烘托，这表现手法是颇为别致新鲜的。然而这并不是“下笔成章”的曹植的发明，而是他从汉民歌《陌上桑》学来的。《陌上桑》写采桑女子秦罗敷的美丽是这样写的：“行者见罗敷，下担捋髭须；少年见罗敷，脱帽著帩头；耕者忘其犁，锄者忘其锄；来归相怨怒，但坐观罗敷！”这是不是曹植在学汉民歌呢？是汉民歌写得生动活泼写得形象写得好，还是曹植那干瘪瘪的两句诗写得好呢？我想，这是用不着我来评判的。“不怕不识货，只怕货比货”，显然，曹植这一学习是个失败的学习，他“点金成铁”了。这不是加工，而是偷工减料，也不是学习，而是硬搬。因此这两篇作品的艺术效果也就大不相侔。请看下引唐人的两首诗：一首是权德舆的《敷水驿》：“空见水名敷，秦楼昔事无。临风驻征骑，聊复捋髭须！”另一首是大诗人白居易的《过敷水》：“垂鞭欲渡罗敷水，处分鸣驺且缓驱。秦氏双蛾久冥漠，苏台五马（时白赴任苏州刺史）尚踟蹰。村童店女仰头笑：今日使君真是愚！”谁能想到，一首民歌的艺术魅力竟能使得千百年后的诗人犹为之神魂颠倒，如梦如痴。从这一例证我们也可以更深刻地体会毛主席下面这段话的意义：“人民生活中本来存在着文学艺术的矿藏，这是自然形态的东西，是粗糙的东西，但也是最生动、最丰富、最基本的东西；在这点上说，它们使一切文学艺术相形见绌，它们是一切文学艺术的取之不尽，用之不竭的唯一的源泉。”

这一烘托的表现手法杜甫曾经成功地利用了，他在《剑器行》里用“观者如山色沮丧，天地为之久低昂”两句诗显示了公孙大娘舞剑器的绝技。

为了具体地说明杜甫在手法上学习民歌的情形，我们再举出以下三点：

（1）**对话** 诗歌中最早使用对话的应该是《诗经·齐风》的《鸡鸣》那首民歌，但到西汉民歌才得到充分的发展，如《东门行》《陌上桑》——特别是《孔雀东南飞》一共用了三十次的对话。这种对话，大大地加强了诗的真实性、形象性和戏剧性。杜甫曾经广泛地使用了这一方法，有的包括他自己在内，如《兵车行》《新安吏》《潼关吏》等；有的则是客观的真实的记录，如那篇最为杰出的作品——《石壕吏》。杜甫在那“吏呼一何怒，妇啼一何苦”之后，紧接着他便把那位老太婆的诉苦，作了诗的录音。所有这些诗篇都是杜甫成功的作品，而其所以成功，和他从民歌中吸取了这一手法也是有着密切的关系的。

（2）**叠韵** 这儿说的叠韵不是双声叠韵的叠韵，是指诗中上下两句的韵脚相重。这也是民歌所特有的。例如《诗经》："谁谓女（汝）无家？何以速我讼？虽速我讼。亦不女（汝）从。"又如汉民歌："公无渡河，公竟渡河。堕河而死，当奈公何。"至于汉魏六朝文人诗，则一篇之中，前后重韵的间或还有，叠韵就更不敢尝试。到了唐代，连重韵都悬为禁令，把一个韵部的韵押完了也不许重复。但我们在杜甫集子里却可以发现不少的叠韵的地方，如《冬狩行》："朝廷虽无幽王祸，得不哀痛尘再蒙？呜呼，得不哀痛尘再蒙！"又如《戏作花卿歌》："人道我卿绝世无。既称绝世无，天子何不唤取守东都？"它的来源，当然是民歌。这种叠韵，往往能增加思想感情的强度和深度。

（3）**接字**　所谓接字，就是上句的末一二字和下句的头一二字紧相衔接，蝉联而下。过去也有叫作"顶真格"的。《诗经》中已有这一办法，我们且举汉民歌《饮马长城窟行》做例："青青河畔草，绵绵思远道。远道不可思，宿昔梦见之。梦见在我旁，忽觉在他乡。他乡各异县，展转不相见。"南朝民歌《西洲曲》更是接字的杰构。但《西洲曲》是写男女相思之情的，杜甫却用来诉说人民的惨绝人寰的生活了。我们试读《兵车行》中的一段吧：

车辚辚，马萧萧，行人弓箭各在腰。
爷娘妻子走相送，尘埃不见咸阳桥。
牵衣顿足拦道哭，哭声直上干云霄。
道旁过者问行人，行人但云点行频。
或从十五北防河，便至四十西营田。
去时里正与裹头，归来头白还戍边。
边亭流血成海水，武皇开边意未已……
县官急索租，租税从何出？
信知生男恶，反是生女好：
生女犹得嫁比邻，生男埋没随百草……

这是杜甫写的当时人民由于统治者强制征兵所造成的一幕生离死别的大悲剧。他一共五处使用了接字的办法，使读者真有“累累如贯珠”之感，觉得非常顺溜，非常动听，从而也就加强了诗的感染力。鲁迅先生说：“诗需有形式，要易记、易懂、动听。但格式不要太严，要有韵，但不必依旧诗韵，只要顺口就好。”（《答蔡斐君书》）杜甫这首《兵车行》可以说是超额地完成了诗的声韵方面的工作。

这一接字的表现手法，在目前民间文艺中间还依然存在着。《人民日报》所发表的志愿军李大我几位同志合写的那篇《战士之家》，其中便有很好的例子。譬如："松枝牌楼一道道，道道上面贴口号。""这个洞来那个洞，洞洞里面出英雄。""英雄守住英雄山，英雄住在英雄洞！"音节的生动更高扬了"我们最可爱的人"的革命英雄主义的伟大气概。

此外，在句法上，杜甫也曾虚心向前代民歌学习，如"有使即寄书，无使长回首"（《将适吴楚留别章使君》），便分明是从南朝民歌"有信数寄书，无信心相忆"（《估客乐》）学来的。学习民歌这种排比句法的最突出的例子，是《草堂》一诗中"旧犬喜我归"八句，那是学的《木兰辞》（详见《论木兰诗的时代》一文）。又如《大麦行》的"问谁腰镰胡与羌"一句之中，自含问答，句法极别致，但也是从汉民谣学来的。所以蔡梦弼说："后汉桓帝时童谣曰：'小麦青青大麦枯，谁当获者妇与姑，丈人何在西击胡。'每句中，含问答之词，公诗句法，盖源于此。"是不错的。由此也可见杜甫学习态度的认真，所以说"读书破万卷"。囫囵吞枣，是不能算"破"的。

3. 通俗的词汇

杜甫诗中还用了不少的方言俗语，也就是元稹所谓"当时语"。用历史的眼光来看，无疑的也是一种反雕琢反浮华的革命作风，因而开辟了中唐以后的朴素通俗的风气。在杜甫诗里，一切流行的口头语言都“百无禁忌”地在使用着，都成了诗的素材。什么爷娘、寡妇、老兄、舍弟、肥男、瘦男、健儿、女儿、雁儿、鹅儿、鸡儿、狗儿、鱼儿、煮饭、吃饭、肥肉大酒等名词，不断出现在他的笔下。只如《新婚别》：“生女有所归，鸡狗亦得将。”便是用的“嫁鸡随鸡，嫁狗随狗”的谚语。又如“呀吭瞥眼过”，呀吭便是摹写挽船工人的劳动声音的，无怪缙绅先生们要大骂“村夫子”了。

这种通俗词汇的运用，是和杜甫诗所表现的人民性的内容相适应的，因此，我们绝不能认为这只是一个单纯的词汇问题，而应当提高到艺术的原则上来认识。就拿《兵车行》的“爷娘妻子走相送”“牵衣顿足拦道哭”这两句诗来说吧，假使有人觉得在诗里喊爷叫娘的太俗气，换上老一套的文绉绉的“父母”，同时又觉得“顿足拦道”太粗鲁，换上个“擗踊遮道”，你看怎样？那就要隔一层，就不够真切，就要削弱这悲剧的形象性。毛主席教导我们的“加工”，是并不意味着字面的粉饰的。据影印宋刻本《分门集注杜工部集》，杜甫在爷娘妻子那句诗下面自己曾加上了注，他引用的是北朝民歌《木兰辞》中的“不闻爷娘唤女声”那句诗。从这里，我们可以看出劳动人民在文艺上的创造性，大而一种新的诗体，小至一个语汇，都影响了文人。同时，我们也可以看出诗人杜甫是怎样虚心地学习人民的

语言艺术。(参阅《从杜甫、白居易、元稹诗看木兰诗的时代》)

由于社会的不断发展，词汇也处于不断改变的状态中，所以，除了上面举出的至今还在沿用的基本词汇之外，杜甫诗中还有许多早已过时的通俗词汇。但这并不妨碍我们的引证。现在且举出几个在下面，因为是过时了的，不大好懂，顺便略加解释。

(1)“若为”——“幸不折来伤岁暮，若为看去乱乡愁?”(《和裴迪送客逢早梅见寄》)仇兆鳌注：“若使一看，益动乡愁矣。”这注解是不对的。这是方言，不能拆开来讲。这一方言，六朝时已有了，唐时更流行。有的作“如何”或“怎样”解，如贾岛诗：“此心非一事，书札若为传?”有的作“哪堪”解，如白居易诗：“若为南国春还至，争向东楼日又长。”但总是作诘问语气。杜诗的“若为”是“哪堪”之意。

(2)“遮莫”——“久判野鹤如双鬓，遮莫邻鸡下五更。”是“随他”“任他”的意思。这一词汇，宋时已不大用，多用“尽教”两字。明朝人有用作禁止之词的，由于不知是方言，因而望文生义，但可见到明朝便已僵化了。

(3)“不分”与“生憎”——“不分桃花红胜锦，生憎柳絮白于棉。”《柳亭诗话》说：“分字仄声，作忿字解，晋人常语。生憎即不分，杜诗乃合用之。”这解释是对的。仇兆鳌解为

“不能分辨”，杨伦又解为“不合”，都错了。白居易诗：“不分气从歌里发，无明心向酒中生。”也是气愤不服之意。

(4)“孰知”——“孰知是死别，且复伤其寒。”(《垂老别》)沈德潜说：“孰知即熟知，古通用。”这说法是不错的，但他不知道也是唐人方言，杜甫也不止一次用到。它的意思就是“明明知道”。

(5)“得力”——“生我不得力，终身两酸嘶。”(《无家别》)按《太平广记》卷一百一十二载墨君和母怀妊时，梦胡僧携一孺子授之曰：“与尔为子，他日必大得力。”同书卷二百二十一引《宝命录》：“果毅姚某者，有贵子，可嫁之，中必得力。”可知“得力”也是唐人口语，似专用之于儿辈。

此外，还有“若个”“好在”“人客”“何当”等等，我们不去罗列了。这些口语，因已过时，往往不免引起后人的误解，比如“人客”，《一瓢诗话》的作者就有过误解，他说：“杜诗‘问知人客姓，诵得老夫诗’之句，疑来字与人字流传易讹，恐是问知来客姓。苦无善本为证。”不知“人客”乃当时口语。按杜诗：“非君爱人客。”白居易诗：“腰痛拜迎人客倦。”又王建诗：“人客少能留我屋。”足证确是当时口语。总之，在诗歌史上，这样大胆地大量地使用俗语，杜甫要算是首屈一指的作家。[近人徐仁甫同志云：“吾大竹人至今尚谓‘客人’为‘人客’，可知杜公当时确用蜀方言。”（《杜诗注解商榷》，第26页）按白居易、王建皆非蜀人，其诗亦不作于蜀地，则“人客”非蜀一地之方言可知；或此一方言导源于蜀，故至今犹在人口。]

三

以上，我们从体裁、手法和词汇三方面说明了杜甫学习人民的语言的实际情况。这三方面的总和造成了杜甫诗的一个特质，便是生动性与素朴性。顾尔斯坦在《文学的人民性》一书中曾说：“在形式方面，人民性应该是经常和素朴相并行的。在普希庚看起来，达到这种素朴的一个最主要的方法，就是将诗句更接近于生活的、日常会话用的语言。”杜甫正是通过这一方法来达到诗的素朴性的。这素朴性贯串着全部杜诗，包括他的律诗，有些律诗也明白如话。

也许有人要问：为什么在处于同一时代和同一社会环境的许多诗人当中独有杜甫才能学习人民的语言？对于这一问题，我们可以从两方面来加以解答。首先，这是由于杜甫个人的不同于一般诗人们的生活实践。我们知道，就拿杜甫的几位诗友来说吧，李太白虽没做过多久的官，但他始终过着地主式的生活，饮酒赋诗，游山玩水。岑参则是一直做着官，后来还做到嘉州刺史。高适呢，更不用说，他做到节度使，封渤海县侯，历史家说他是唐代无数诗人中唯一最显达的人物。至于王维，则是过着高等的隐士生活，你说他是在做官吗？他却又住在他那“辋川别墅”整天念佛，你说他是真的出了家吗？他却又天天走马上朝，有时还要写上几首应制诗。总之，他们的生活都是远离人民的，自然谈不上学习人民的语言了。

诗人杜甫的生活却不是这样。在他五十九年的生命中前后一起做了不到三年的小官。大部时间，特别是安史之乱以后，都是和劳动人民打交道的。他曾经长时期地住在乡村，和劳动人民生活在一起，哭在一起也笑在一起，他自已也经常劳动。基于这种生活实践，他对劳动人民有了相当深刻的认识，认识了劳动人民创造物质财富的功绩，认识了劳动人民忠诚朴实的善良品质，他和劳动人民之间的关系达到了水乳交融的程度，他是受了劳动人民的感染因而从品质上热爱了劳动人民的。在《遭田父泥饮》一诗中杜甫表明了他对这位老汉的态度：“指挥过无礼，未觉村野丑！”这两句诗也同时表现了他对劳动人民的语言的看法。我们不能想象：一个轻视劳动人民，对劳动人民没点好感的作家，而能学习劳动人民的语言。毛主席指示文艺工作者必须到工农兵群众中去，到火热的斗争中去，把自己的思想感情来一个变化，来一番改造。这一真理，是相当有力地为诗人杜甫所证实着的。

杜甫学习人民的语言的第二个原因，是他那极端重视语言的创作态度。尽管后人推崇杜甫为“诗圣”，其实这位诗圣人写起诗来是很苦的。他不是“一挥而就”式的，而是“新诗改罢自长吟”。他曾经公开地说：“为人性僻耽佳句，语不惊人死不休!”这种对诗的语言的认真负责的态度实是古今罕有的。我们知道，创作和学习也是分不开的，要更好地创作，就得更好地学习。正由于杜甫要创作惊人的诗句，这就使他在认真学习的过程中认识了人民语言的优越性，也就是认识了由人民创作出来的民歌的优越性，因而向它学习。这是已为我们上面列举的事实所证明了的。

我们伟大的祖国解放已三年了，正如国庆节日《人民日报》社论指出的：“我国过去三年的伟大成就，完全是按照毛泽东同志的指示而达到的。今后只要我们继续按照毛泽东同志指示的方向前进，新的胜利就一定属于我们。”那么文艺界要取得新的胜利，也只有继续按照毛主席的指示：在投入人民生活的同时，下苦功夫学习人民的语言，“特别是工农兵群众的语言要用功学习”。这也就是我写这篇东西的一点用意了。

1952年10月5日

附二：别裁伪体　转益多师

——纪念杜甫诞生一二五〇周年

杜甫是热爱人民、热爱祖国的伟大诗人。他和广大人民同呼吸、共患难的生活，毫无疑问是他诗歌创作的唯一源泉，也是他成为伟大诗人的最根本的条件。但是，生活并不等于创作，他之所以能写出无数惊心动魄的诗篇，反映出那个剧烈变化时代的生活，在思想内容的扩大、加深、提高上，在艺术形式的探索和创造上，都曾经克服了无数的困难。如果没有对前代和当代诗歌创作成就的继承和借鉴，他是不可能完成“诗史”的光荣任务的。

元稹在《杜工部墓志铭》中论述杜诗成就时曾经说：“至于子美，盖所谓上薄《风》《骚》，下该沈宋，言夺苏李，气吞曹刘，掩颜谢之孤高，杂徐庾之流丽，尽得古今之体势，而兼文人之所独专矣。”这一段话在概括杜甫批判继承文学遗产一点上，是相当全面的。但是，在艺术创作上，熔铸前人多方面的创作成就，形成自己独特完整的风格，绝不是一件轻而易举的事。他的一部诗集，不仅记录了那个剧烈变化的时代面貌，记录了他自己生活思想发展的道路，而且也记录了他对前代及当代诗歌创作经验的批判继承的精神，这种精神也就是他在《戏为六绝句》中所说的："别裁伪体亲风雅，转益多师是汝师。"在这里，我们试图谈谈读杜诗后在这方面所得的一点初步的体会。

当我们读完一部杜诗以后，可以看到这个"读书破万卷"的诗人，具有多么渊博深厚的文学修养和多么谦虚勤奋的学习精神。许多前代和同代的作家，他差不多都提到了。当然，他提到这些作家，有的只是借用古人来称述朋友或表现自己的身世遭遇，并不正面涉及他们的创作，但是，就在这种情况下，也可以看出他对前辈作家的倾慕和同情。这里，我们只能就他诗中对一些文学史上较有影响的作家、作品所作的评述，做一个简略的说明。

《诗经》和《楚辞》，是我们诗歌史长河的两个伟大的源头。从《戏为六绝句》的"别裁伪体亲风雅""窃攀屈宋宜方驾"这两句诗，我们就可以看到杜甫对这两部伟大的文学经典的高度崇敬的心情。在《陈拾遗故宅》诗里，他称赞陈子昂"有才继骚雅，哲匠不比肩""千古立忠义，感遇有遗篇"。我们可以看出他多么重视《大雅》《小雅》，以及《离骚》中的那种爱国忧民、坚持正义的精神。在《同元使君舂陵行》的诗序里，他称赞元结的《舂陵行》《贼退示官吏》两诗是“不意复见比兴体制，微婉顿挫之词”，更说明他对《诗经》的“比兴”传统的高度重视。在《园官送菜》的诗序里，他也曾经表明自己是借园官送菜的小事表现“伤小人妒害君子”的大义，“比而作诗”。为什么杜甫这样重视“比兴”呢？这是因为他认识到“比兴”的问题，并不只是艺术表现手法的问题，而是有关诗歌思想性的问题。刘勰《文心雕龙·比兴篇》说：“比则蓄愤以斥言，兴则环譬以记讽”“楚襄信谗，而三闾忠烈，依诗制骚，讽兼比兴”，就非常明显地指出“比兴”就是批判和讽刺现实的文学传统。刘勰又指责汉魏以后作家，不注意“比兴”的本来意义和精神，在创作上“日用乎比，月忘乎兴，习小弃大，所以文谢于周人”，尽管批评还有不完全符合实际之处，但他维护这个批判、讽刺现实的传统的意图却是灼然可见的。初唐陈子昂提出风雅比兴的文学革新主张，斥责齐梁以来“彩丽竞繁，而兴寄都绝”的诗风，更是积极有力地坚持和发扬这个宝贵的文学传统。杜甫这篇《同元使君舂陵行》的序言，应该看作是继刘勰、陈子昂之后大力发扬“比兴”传统的名作，也是白居易新乐府理论的先驱。

两汉乐府民歌是继《诗经·国风》之后崛起的现实主义诗歌的高潮。杜甫说“纵使卢王操翰墨，劣于汉魏近风骚”，正指出“汉魏”诗歌继承了“风骚”的精神。两汉乐府民歌在诗史上奠立了“感于哀乐，缘事而发”的新传统，建安三曹七子等继承这个传统，“以古题写时事”，在诗史上留下了光辉成就，杜甫更发展了这种“写时事”的精神，进一步创作了《兵车行》“三吏”“三别”等杰出的现实主义诗篇，并且树立了“即事名篇，无复依傍”的新乐府传统，为中唐白居易等人的新乐府运动开辟了前进的宽广道路。这已经成为文学史家共同公认的事实了。从“李陵苏武是吾师，孟子论文更不疑”“骚人今不见，汉道盛于斯”等诗句，我们知道他对汉代文人五言诗也非常重视。

建安黄初诗歌，是紧接两汉乐府之后出现的“五言腾踊”的诗歌创作高涨时期。从刘勰、钟嵘到陈子昂、李白，都对“建安风骨”一贯表示推崇，杜甫对建安诗歌也非常重视。“气劘屈贾垒，目短曹刘墙”“赋料扬雄敌，诗看子建亲”，虽然是他少壮时代非常气盛自豪的口吻，却可以看出他对建安诗歌的真心钦佩。他晚年称赞“独步诗名在”的老朋友高适的诗，说他“方驾曹刘不啻过”，他对青年诗人苏涣表示极力“倾倒”的时候，也称赞苏的新作“突过黄初诗”，可见他对建安诗歌是自少至老一贯重视的。在《偶题》诗里，他称赞建安诗是“前辈飞腾入”，称赞六朝诗是“余波绮丽为”，同样是称赞，分寸却大不相同。至于他的“三吏”“三别”曾经受建安乐府诗的影响，更是前人早就指出了的。对于正始诗人阮籍、嵇康的诗歌，杜甫没有正面的评论，但是他对这两个作家的身世是深表同情的。他在怀念老朋友郑虔的一些诗篇里，屡次把郑虔比作嵇阮：“夫子嵇阮流”“嵇阮逸相须”。他也常常把自己比作阮籍，“至今阮籍辈，熟醉为身谋”，是愤慨自己不能为国分忧。“苍茫步兵哭，辗转仲宣哀”，更是晚年潦倒愤懑的自白。但是，他也说过“舌存耻作穷途哭”，他和阮籍毕竟有所不同。

对西晋作家，杜甫正面的评论不多，他曾经用“陆机二十作文赋”来勉励过他的侄子，在《寄刘峡州伯华使君四十韵》里也曾经融化引用《文赋》的理论来称赞过刘伯华的诗篇。此外，也有人指出他的《北征》中描绘“床前两小女”的一节，曾经受过左思《娇女诗》的影响。

杜甫对陶渊明、谢灵运的看法是一个值得注意的问题。他在《遣兴五首》中曾经写过：“陶潜避俗翁，未必能达道。观其著诗集，颇亦恨枯槁。”尽管黄山谷曾经说这是杜甫自己的寄托解嘲，仇兆鳌也说杜甫并非讥刺先贤，这些解释自然是有道理的。但是，杜甫在同年写的《石柜阁》诗里也分明写着：

“优游谢康乐，放浪陶彭泽。吾衰未自由，谢尔性所适。”这是用谦虚的口吻表示自己在衰老奔波的生活中，做不到像陶、谢那样的放浪优游。杜甫到了成都以后，生活环境一度安定了，心情比较闲适舒畅，他曾经写过：“宽心应是酒，遣兴莫如诗。此意陶潜解，吾生后汝期。”也写过：“安得思如陶谢手，令渠述作与同游。”这一时期，他和陶渊明诗是比较接近一些了。杜甫曾经说过：“不爱入州府，畏人嫌我真。及乎归茅屋，旁舍未曾嗔。”在这一点上，两个大诗人的性格是有相近之处的。但是，两人的思想性格毕竟很不相同。陶渊明在质朴真率中倾向出世孤高，杜甫在质朴真率中则更显出了非常热爱生活的性格特征，我们只要把杜甫的《遭田父泥饮》和陶渊明的田园诗做一个比较，就可以看出来。

杜甫对鲍照的诗评价很高。在《苏端薛复筵简薛华醉歌》这首诗里，他称赞薛华说：“座中薛华善醉歌，歌辞自作风格老。近来海内为长句，汝与山东李白好。何刘沈谢力未工，才兼鲍照愁绝倒。”这里称赞薛华、李白的“长句”（七言诗），同时指出何逊、刘孝绰、沈约、谢朓都只工五言，不擅长七言诗，只有鲍照写出了七言的杰作。而薛华、李白能擅长七言，才兼鲍照，可以使诗家望尘莫及。他赠李白诗“俊逸鲍参军”，也正是指李白七言诗能得鲍照七言诗豪放的风格。他称赞高适、岑参的诗“沈鲍得同行”，也是指高、岑能兼沈约、鲍照之长，并工五言、七言之体。可以这样说，杜甫正是第一个肯定鲍照对七言诗的巨大贡献的诗人。他的《杜鹃行》《短歌行赠王郎司直》等诗，也颇有受鲍照《行路难》影响的迹象。方东树说杜甫前后《出塞》本于鲍照的《代东武吟》，也有一定的道理。

“孰知二谢将能事，颇学阴何苦用心。”（《解闷》）这说明杜甫对齐、梁诗人谢朓、何逊、阴铿的诗也非常重视。因之，他称赞王抡是“新文生沈谢”，称赞岑参，是“谢朓每篇堪讽诵”，称赞张九龄的诗，也说他“绮丽玄晖拥”。这里，我们应该指出，杜甫对“绮丽”的词采是重视的，在这一点上，他和李白有所不同。李白断言：“自从建安来，绮丽不足珍”，杜甫则宣称：“清词丽句必为邻。”何逊和阴铿是梁陈时代写山水诗而深得谢朓清新流丽风致的两个诗人，他们在写新体诗、调协音韵、琢磨词句上是费过苦心的。杜甫说“阴何尚清省”“颇学阴何苦用心”，绝非偶然。杜诗中提到何逊的有好几处，并许以“能诗”，所谓“能诗何水曹”。尽管李白鄙薄齐梁，但杜甫却说：“李侯有佳句，往往似阴铿。”其实，他自己的佳句也是往往似阴铿的，如“薄云岩际宿，孤月浪中翻”，出于“薄云岩际出，初月浪中生”；“江流静犹浪”，出于“大江静犹浪”等。此外，如“岸花飞送客，樯燕语留人”，出于何逊的“岸花临水发，江燕绕樯飞”等，都可以看出他对阴何诗篇的熟悉和喜爱。

对六朝最后一个优秀诗人庾信，杜甫更是非常重视，从“清新庾开府”这句诗，我们就已经可以看出他并不像令狐德棻等人那样把庾信和那些淫冶浮艳的一般齐梁诗人等量齐观。“庾信文章老更成，凌云健笔意纵横”“庾信平生最萧瑟，暮年诗赋动江关”。说明杜甫是非常同情庾信，非常重视他“暮年诗赋”中怀念故国的思想内容的。他许庾诗为“凌云健笔”，这显然更不是一般齐梁诗人所能企及的了。

总之，杜甫对待齐梁诗人是有区别的。沈约的诗虽然并不高明，但他是新体诗的创始人，谢朓、何逊、阴铿、庾信，都是在不同程度上超越齐梁浮艳诗风的优秀诗人，所以我们不能把杜甫对这些诗人的赞美看作杜甫对齐梁诗歌的一般肯定。“窃攀屈宋宜方驾，恐与齐梁作后尘”，就说明他也是反对齐梁浮艳诗风的。从根本精神上说，他和陈子昂、李白反对齐梁诗风的主张并没有什么不同，不过他对前代遗产采取了比陈子昂、李白更深入细致的批判继承的态度，这是值得我们借鉴的。冯班说：“千古会看齐梁诗，莫如杜老。晓得他好处，又晓得他短处。他人都是望影架子话。”（《钝吟杂录》卷四）刘熙载也说：“少陵于庾、鲍、阴、何，乐推不厌，昌黎云：‘齐梁及陈隋，众作等蝉噪。’韩之论高而疏，不若老杜之大而实也。”（《艺概》卷二）这些话都很有见地，确能说明杜甫在批判继承前代文学遗产上的全面观点。

杜甫对唐代诗人的评论，同样值得我们加以比较全面的研究。

在杜甫所重视的唐代诗人中，“初唐四杰”是年代最早的。杜甫不仅在《戏为六绝句》中对他们做了全面而正确的评价，而且还在寄给高适、岑参的诗里说：“举天悲富骆，近代惜卢王，似尔官仍贵，前贤命可伤。”这就对四杰沦落潦倒的命运表现了深刻的同情。在《八哀诗》“李邕”一诗中，他又引证李邕当年在历下亭谈诗的言论：“近伏盈川雄，未甘特进丽。”把四杰中死得最晚的杨炯和同时的宫廷诗人李峤拿来做鲜明的对比，杜甫对这个老前辈的话留下了深刻难忘的印象。在《戏为六绝句》里，杜甫一方面说明四杰的诗歌是“当时体”，承认他们还有不及更接近风骚传统的汉魏乐府古诗的地方，但是他之称赞四杰，也和称赞庾信一样，不只是着眼于“清词丽句”，而更着重他们超越时代的纵横才气。四杰是初唐时代冲决齐梁诗风统治，开始创作风骨和声律并重的唐诗的先驱人物，杨炯《王勃集序》曾经说到王勃的文学主张：“尝以龙朔初载，文场变体。争构纤微，竞为雕刻。糅之金玉龙凤，乱之朱紫青黄。

影带以徇其功，假对以称其美。骨气都尽，刚健不闻。思革其弊，用光志业。”可见王勃在陈子昂以前已经注意到文章的思想内容，刚健风骨。正是他们，才开始把初唐诗歌由宫廷引到市井，由台阁移到江山和塞漠。所以杜甫把四杰比作奔逸绝尘的骏马：“龙文虎脊皆君驭，历块过都见尔曹”；认为他们的才力很难跨越，“才力应难跨数公，凡今谁是出群雄”；认为他们的作品可以“不废江河万古流”。

比四杰稍晚的武后时代的诗人，便是杜甫的祖父杜审言和沈佺期、宋之问。杜甫对自己的祖父是常常引为骄傲的。他告诉儿子宗武说：“诗是吾家事。”他又说过“吾祖诗冠古”。在《八哀诗》“李邕”一诗中，他也回忆到李邕在历下亭论诗称赞他祖父的情景：“例及吾家诗，旷怀扫氛翳。慷慨嗣真作，咨嗟玉山桂。钟律俨高悬，鲲鲸喷迢递。”沈佺期、宋之问是杜审言的朋友，杜甫诗里也不止一次地提到他们。他曾经访问过宋之问的首阳山下的旧山庄，他曾经写诗赠沈佺期的儿子沈东美说：“诗律群公问，儒门旧史长。”“礼同诸父长，恩岂布衣忘。”他在夔州寄给郑审、李之芳的百韵排律诗中也说：“阴何尚清省，沈宋欻联翩。律比昆仑竹，音知燥湿弦。风流俱善价，惬当久忘筌。”这虽然是借阴、何、沈、宋来赞美郑、李两人的诗，但也指出了沈宋诗歌音律的精细优美。杜甫在律诗方面的巨大成就和贡献，显然是和他的家学渊源、世交关系分不开的。

对初唐时代揭起诗歌革新旗帜的杰出诗人陈子昂，杜甫尤其重视。在《送梓州李使君之任》中说："遇害陈公陨，于今蜀道怜。君行射洪县，为我一潸然。"他后来到了梓州，凭吊了陈子昂的学堂遗迹，写下了"悲风为我起，激烈伤雄才"的诗句，又凭吊了陈子昂的故宅，对陈子昂的人格和诗歌的成就给了极高的赞美："位下曷足伤，所贵者圣贤。有才继骚雅，哲匠不比肩。公生扬马后，名与日月悬。……千古立忠义，感遇有遗篇。"我们可以看出，杜甫对初唐的其他诗人（包括他祖父在内），都没有做过这样高度的赞美。其所以如此，首先是因为陈子昂的《感遇诗》是勇敢地揭露现实的"千古立忠义"的光辉诗篇。杜甫很重视诗的艺术，但是，他更重视诗人的品格和诗的思想内容。

现在，我们要进而论述杜甫对他同时代的诗人所采取的态度了。在这一代诗人中，李白和高适同杜甫的关系最为亲密，杜甫对他们的诗也特别重视。

李白和杜甫，虽然只是在天宝初年有过短暂的聚首，但是这个年岁比杜甫大十一岁的大诗人却在杜甫心里留下终生难忘的深刻印象。在杜甫诗集里，寄赠和怀念李白的诗共有十四篇之多。在这些诗里，他对李白的充满浪漫主义精神的诗篇是赞不绝口的。“白也诗无敌，飘然思不群”“笔落惊风雨，诗成泣鬼神”，应该看作是对李白诗歌浪漫主义精神和艺术特色的最简练精确的概括。“李白一斗诗百篇”“敏捷诗千首”，则道出了这个老朋友写诗惊人神速的特点，而这个特点又显然是浪漫主义诗人们所具有的。杜甫曾经把李白诗和鲍照、庾信、阴铿的诗相比，后代评论家对此颇有微词。其实，“清新庾开府”的“清新”，正是李白自己说的“清水出芙蓉，天然去雕饰”。“俊逸鲍参军”的“俊逸”，应该解释为豪迈奔放，（任华《杂言寄李白》也说：“至于他作，多不拘常律。振摆超腾，既俊且逸。”）这些评语当然是符合李白诗歌的实际的。“李侯有佳句，往往似阴铿”，表面看来似乎缩小了李诗的成就，但是，我们只要看到阴铿诗的风格近似谢朓，而李白又对谢朓“一生低首”，那么，杜甫这两句诗也就说中了李白诗歌和谢朓接近的某些部分的特色。“世人皆欲杀，吾意独怜才”，杜甫在世人对李白议论纷纷的时期，就勇敢地、鲜明地指出李白将是享有“千秋万岁名”的诗人，这里不仅可以看出两个伟大诗人的生死不渝的友情，也可以看出杜甫识见的卓越和坚定。作为一个伟大的现实主义诗人，杜甫的艺术感受和创作经验是博大深广的。杜甫早期诗歌中有相当浓厚的浪漫主义色彩，后来一些诗歌中也具有现实主义和浪漫主义结合的特色，这固然是由于盛唐时代精神对他有很大的影响，但也和李白对他的影响很有关系。

杜甫和高适的友谊，是终生无间的。从“昔与高李辈，论交入酒垆。两公壮藻思，得我色敷腴”开始，直到晚年写《追酬高蜀州人日见寄》那首诗止，他终生都在怀念高适，他也一共写了十五首寄赠回忆高适的诗。在这些诗里，他对高适的诗一再表示赞美。“叹息高生老，新诗日又多。美名人不及，佳句法如何?”“当代论才子，如公复几人。骅骝开道路，鹰隼出风尘。”不仅对高诗成就有充分的估计，而且“骅骝”“鹰隼”两句对高适风骨豪健的特色，有很确切的比喻。他并且把高适和岑参相提并论：“高岑殊缓步，沈鲍得同行。意惬关飞动，篇终接混茫。”指出他们两人兼工五言和七言，指出他们的诗都有豪健雄阔的气魄，揭示了两人诗歌风格的相近。正因为他特别重视高适诗歌豪健的风骨，所以他把高适和建安诗人相比，说他“方驾曹刘不啻过”。高适死后，他又感叹说：“独步诗名在，只令故旧伤。”更令人感动的是在《遣怀》诗里想到死去的高适和李白，竟写下了“乘黄已去矣，凡马徒区区”的诗句，把老朋友比作骏马，自己却谦虚地自居凡马，这样出自肺腑的谦虚精神，在古今诗人中都是极为少见的。

岑参也是杜甫的好朋友。杜甫除在上面所引的诗句中提到岑诗豪健雄阔而外，他还提到“岑参兄弟多好奇”这一思想性格上的特点，这就无意中道出了岑参诗所以富于浪漫幻想的重要因素。殷璠说：“参诗语奇体峻，意亦新远。”可以互相参看。此外，杜甫还用“谢朓每篇堪讽诵”的诗句称赞过岑诗，这可能是指岑参的一些山水诗而言的。杜甫所说的这些，对我们进一步全面地探索岑参的诗是有启发意义的。

对于其他盛唐著名诗人，杜甫也总是首先看到他们的长处。对于孟浩然，他写过：“吾怜孟浩然，短褐即长夜。赋诗何必多，往往凌鲍谢。”又说：“复忆襄阳孟浩然，清诗句句尽堪传。即今耆旧无新语，漫钓槎头缩项鳊。”对于王维，他称赞其：“最传秀句寰区满。”对老朋友郑虔，他除了写出许多至情动人的怀念诗篇外，他也叹息自郑虔死后“豪俊何人在，文章扫地无”。他又称赞薛据：“赋诗宾客间，挥洒动八垠。乃知盖代手，才力老益神。”称赞贾至：“雄笔映千古，见贤心靡他。”称赞孟云卿：“李陵苏武是吾师，孟子论文更不疑，一饭未曾留俗客，数篇今见古人诗。”此外，他还称赞过李邕、张九龄、孔巢父、苏源明、毕曜、裴迪、薛华、严武、郑审、李之芳以及一些姓名不可考的江宁旻上人、许十一、郑谏议等人的诗作，我们这里就难以列举了。

杜甫不仅重视长辈和同辈的诗人，而且非常重视后辈诗人。他对元结的称赞，就是最令人感动的。他和元结并非知交，但是他读了元结的《舂陵行》《贼退示官吏》两诗后，心情非常激动，写下了那篇《同元使君舂陵行》，诗的序言，洋溢着很高的政治热情：“览道州元使君结《舂陵行》兼《贼退示官吏》作二首，志之曰：当天子分忧之地，效汉官良吏之目。今盗贼未息，知民疾苦。得结辈十数公，落落然参错天下为邦伯，万物吐气，天下少安，可待矣。不意复见比兴体制，微婉顿挫之词。感而有诗，增诸卷轴。简知我者，不必寄元。”从这里我们也就懂得他称赞元结的“比兴体制”，也就是强调诗歌要为政治改革服务，要为“万物吐气”。从“两章对秋月，一字偕华星”“粲粲元道州，前贤畏后生”这些诗句，我们可以看出他对元结的诗篇和人格的赞美是毫无保留的。

杜甫对苏涣的诗的称赞，也是他重视后辈优秀诗人的动人事例。《苏大侍御访江浦》的诗序说：“苏大侍御涣，静者也。旅于江侧，不交州府之客，人事都绝久矣。肩舆江浦，忽访老夫舟楫。已而茶酒内，余请诵近诗，肯吟数首，才力素壮，辞句动人。接对明日，忆其涌思雷出，书箧几杖之外，殷殷留金石声，赋八韵记异，亦见老夫倾倒于苏至矣！”杜甫称赞苏涣的新作“突过黄初诗”，主要是从思想性出发的。钱易《南部新书》记唐人言论，说苏涣诗“长于讽刺，得陈拾遗一鳞半甲”，估价分寸虽与杜甫不同，但也可以帮助我们了解杜甫“倾倒”

于苏涣诗的原因。可惜苏涣诗今天保留下来的只有三首，我们无法判断他的成就。但是杜甫热爱后辈作家的精神，却令我们深深感动。

在杜甫生前，除了严武、任华、郭受、韦迢这几个诗坛以外的人称赞过杜甫的诗而外，当代的著名诗人，没有一个人称赞过杜甫的诗。但是，杜甫却几乎对所有的盛唐名诗人都做了热情的赞美和恰当的评论。这个事实，既表明了杜甫“不薄今人”的宝贵精神，又表现了他毫无“文人相轻”习气的高尚品质。刘克庄说：“杜公为诗家宗祖，然于前辈如陈拾遗、李北海极其尊敬，于朋友如郑虔、李白、高适、岑参，尤所推让……未尝有竞名之意。晚见《舂陵行》，则云‘粲粲元道州，前贤畏后生’，至有‘秋月’‘华星’之褒，其接引后辈又如此。名重而能谦，才高服善，今古一人而已！”（《后村诗话后集》）的确，在我们古典文学史上只有杜甫当得起这个“今古一人”的赞美。

杜甫的《戏为六绝句》，用“别裁伪体亲风雅，转益多师是汝师”这两句诗做结束语，的确是语重心长的。

结合前面的论述，我们可不可以这样说：“别裁伪体亲风雅”，主要是表明他在诗歌思想内容上的主张，而“转益多师是汝师”，则主要是表明他关于诗歌的语言、音律、形式的主张，从诗句本身看，“伪体”是对“风雅”而言的。既然杜甫的重视“风雅”是指诗歌的正确的思想内容，那么，和“风雅”相对立的“伪体”，显然就是指类似齐梁宫体诗那样的坏的思想内容了。在思想内容上有了亲风雅、裁伪体的正确方向以后，还要追求艺术形式表现上的丰富和完美，这就必须借鉴古今诗歌形式技巧上多方面的成就，所以杜甫又提出了“转益多师”的要求。只有在“别裁伪体”的前提下来谈“转益多师”，才不致迷失方向。

如果这个理解还不太违背杜甫诗意的话，我们就可以说，杜甫的诗歌主张，在根本精神上，和陈子昂、李白的诗歌革新主张，是基本一致的。但是，杜甫后来居上，对陈子昂、李白的主张，又做了进一步的发展。

首先，陈子昂、李白的革新主张，都穿着复古的外衣。陈、李都很少写近体诗，李白还模拟四言和骚体。杜甫并不标榜复古，而是主张“不薄今人爱古人”，他的亲风雅，亲汉魏乐府，是亲风雅的精神，亲乐府的精神，并不是亲风雅的形式。胡应麟说：“少陵不效四言，不仿离骚，不用乐府旧题，是此老胸中壁立处，然风骚乐府遗意，杜往往得之。”（《诗薮》）这段话，精辟地指出了杜甫“亲风雅”的本质精神。就拿杜甫《赴奉先咏怀》这首自传性的长篇抒情杰作来说，它和《离骚》颇有不少相似的地方，这里有“长太息以掩涕兮，哀民生之多艰”的爱国忧民的热情，有“亦余心之所善兮，虽九死其犹未悔”的坚强不屈的意志，还有“一篇之中，三致意焉”的反复倾诉的长篇抒情结构。但是，这里却没有香草美人、飘风云霓的象征比喻，没有叩阍求女、上天下地的离奇幻想，只有“彤庭所分帛，本自寒女出”“朱门酒肉臭，路有冻死骨”等一系列活生生、血淋淋的现实苦难的图画。这里正体现了杜甫“别裁伪体亲风雅”的现实主义的精神。

其次，陈子昂、李白是否定齐梁的。杜甫则看到了齐梁的一些优秀诗人，也看到了齐梁诗歌在形式、声律、技巧上的新成就，从而提出了“转益多师”的主张。从诗歌革新的发展过程来看，如果不把合乎风雅比兴传统的内容和齐梁以后诗歌艺术的新成就结合起来，诗歌革新的历史任务就不能最后地完成。但是，他重视齐梁以后声律新体的形式，绝不意味着他重视齐梁宫体色情的内容。盛唐诗人中，像孟浩然等，都还偶然写过两首宫体，而杜甫却没有写过一首宫体。也许有人会提到《数陪李梓州泛江有女乐在诸舫戏为艳曲二首赠李》有宫体嫌疑，但是这两首诗的结尾是：“使君自有妇，莫学野鸳鸯”，显然是寓劝诫于谐谑。可见其思想内容和宫体根本沾不上边。当然，像庾信“暮年诗赋”的健康内容，杜甫也很重视。

杜甫曾经在《戏为六绝句》中批判、指责过一些嗤笑庾信、四杰的“后生”，这显然是指当时的一些思想见识既非常浅薄，艺术创作上又毫无体会的文人。我们绝不能把这些嗤笑庾信、四杰的议论和陈子昂、李白的反齐梁、倡复古的主张以及元结过分否定声律形式的主张混为一谈。陈子昂、李白及元结的文集中并没有嗤笑庾信、四杰的具体言论，只有反对齐梁“彩丽竞繁，而兴寄都绝”“自从建安来，绮丽不足珍”的一般性的观点。杜甫的创作思想既然是陈、李革新主张的进一步发展，他对陈、李、元三人的诗歌又先后做过如此热情的赞扬，我们就无法设想陈子昂、李白或元结的言论会成为杜甫《戏为六绝句》所直接或间接讽刺批判的对象。

殷璠《河岳英灵集》说盛唐诗歌的特点是“声律风骨始备”，他提出的论诗标准是“既闲新声，复晓古体；文质半取，风骚两挟。言气骨则建安为俦，论宫商则太康不逮”。杜甫“别裁伪体”“转益多师”的主张，也和殷璠基本相同。但是，从创作实践来看，在思想内容（气质风骨）上，他比其他盛唐诗人开拓得更深更广，在声律形式上，他比其他诗人探求得更精更细。王安石说：“太白歌诗，豪宕飘逸，人固莫及，然其格止于此而已，不知变也。至于甫，则悲欢穷泰，发敛抑扬，疾徐纵横，无施不可。故其诗有平淡简易者，有绵丽精确者，有严重威武若三军之帅者，有奋迅驰骤若泛驾之马者，有淡泊闲静若山谷隐士者，有风流蕴藉若贵介公子者。盖其诗绪密而思深，观者苟不能臻其阃奥，未易识其妙处。夫岂浅近者所能窥哉！此甫之所以光掩前人而后来无继也。”（《遯斋闲览》）这一段话，形容杜诗思想内容和艺术风格的博大精深，千汇万状的特色，是很有卓见的。作为一个诗歌史上集大成的诗人，杜甫的确费尽了毕生的心血。

杜甫自然是从少年时代起就具有了“读书破万卷”的修养的诗人，但是从他一生的创作经历来看，他又是边创作，边学习；写到老，学到老的。他常常根据不同时期表现自己不同的生活感受的需要，有目的、有重点地学习借鉴古人的创作经验。例如安史乱后陷贼为官时期，他为表现自己“上感九庙焚，下悯万民疮”的见闻感受，更多地借鉴了汉魏乐府古诗。“三吏”“三别”及《遣兴三首》《成都府》等诗可以证明。又如在漂泊西南时期，当他心情闲适，想借风竹林泉陶冶性灵的时候，他曾经对陶谢的田园山水诗有所亲近；当他流寓夔州、江汉等地，感慨时世、思念乡土的时候，他又经常想到庾信的“暮年诗赋”；当他进一步探索律诗的声调格律的时候，又往往想到阴、何、沈、宋。这些都是我们读他晚期诗作的时候可以明显看到的。只有这样不断反复地学习，温故而知新，才能从前人创作中学到真正有益于自己创作的东西。

杜甫的学习和借鉴前人和同时代人的创作成就，从来都是为了提高自己的创作，不是为了模拟和抄袭。因此，他总是有所吸收，也有所抛弃；有所继承，也有所发展。同是一份两汉乐府的遗产，李白从那里学习了出人意表的离奇幻想，学习了纵横变化的语言章法。在杜甫，原也有向这个方向发展的可能，仇兆鳌就指出他在长安写的那篇《渼陂行》中托假象以写真景的部分本于汉艳歌。但是，这究竟只是杜甫的一种尝试，从杜甫的环境遭遇、思想感情来说，汉乐府的“感于哀乐，缘事而发”的传统对他自然是更为亲切。因此，标志着杜甫学习乐府的独特成就的作品，究竟不是《渼陂行》，而是《兵车行》《丽人行》，以及后来的“三吏”“三别”等诗篇。杜甫不仅善于学习前辈或同辈的创作精神，有高出别人的识见和体会，也能密切注意吸收别人一字一句的具体点滴的经验，他称道别人诗篇，常常提到字句问题，并不是偶然的。“美名人不及，佳句法如何？”叩问老朋友高适，问得多么具体。他称赞张九龄的诗“自成一家则，未缺只字警”，称赞严武的诗“新诗句句好，应任老夫传”，可见他无论读前辈或同辈的诗，总是对一字字、一句句都推敲过的。

不断地结合创作实践，熔铸、消化前代和同代的诗歌创作的成就，既能“别裁伪体”，又能“转益多师”，正是杜甫文学批评观点的特色。他往往能从别人不去注意的地方发现好的东西。他的《偶题》诗里，正说出了一个诗人学习、借鉴诗歌创作遗产的苦心：

文章千古事，得失寸心知。作者皆殊列，名声岂浪垂？骚人嗟不见，汉道盛于斯。后贤兼旧制，历代各清规。

这一段话说明，我们的伟大诗人杜甫，正是通过创作实践的体验，通过自己创作得失的反省，才认识和体会到前代作家的得失的。王嗣奭《杜臆》解释这首诗说：“少陵一生精力，用之文章，始成一部诗集。……文章千古事，便须有千古识力。得失寸心知，则寸心具有千古。此文章家秘密藏，为古今立言之标准也。”“作者殊列，名不浪垂……谓其所就虽有不同，然寸心皆有所独知者在也。”这一段解释，是很懂得作家从事艺术创作的甘苦的。如果杜甫没有自己创作实践中“得失寸心知”的体验，他也就不可能深入地体会前代作家一点一滴的甘苦经验，不可能深刻地认识“作者皆殊列，名声岂浪垂”的道理。后代的作家永远要借鉴前代作家的经验，这是毫无疑问的。但是，一个作家如果要在文学的宝库里加进一点新鲜的东西，他就必须有一点自己所独知的创造和体会，这一点东西，别人是无法包办代替的。这一点他所独知的创造体会，的确可以说是“寸心具有千古”。“后贤兼旧制，历代各清规”，正说明了文学创作上既要继承，又要创造的道理。王嗣奭说《偶题》这首诗“乃一部杜诗总序”，是有一定道理的。

杜甫既是一个伟大的诗人，又是一个独具只眼的文学批评家，从他的渊博学识和深刻见解来说，我们也可以说他是一个文学史家，他的一部光辉的诗集中所包含的有关文学批评和文学史的内容，是非常丰富的。我们必须进一步地发掘和利用伟大诗人给我们留下的这一份宝贵的遗产。

（原载《文学评论》1962 年第 3 期）

附三：《杜甫研究》再版前言

拙作《杜甫研究》原分上下二卷，上卷是一般叙述，下卷是作品选注。把作品选注也挂在研究的名下，当初不过想表明一下作品在研究中的重要性，虽不无道理，但并不恰当。所以终于接受了人民文学出版社的意见，把它改编为《杜甫诗选注》，并已于去年出版。这也就是说，再版的《杜甫研究》已不包括作品选注在内了。

也许因为年纪大了吧，尽管自己知道对杜甫说不上什么研究，但又很想把个人从解放到现在所有关于杜甫的论文来一个结集。所以当齐鲁书社的同志说要再版我这本小书时，我也就欣然同意了。为了保持原有的叙述部分的系统性和独立性，我仍用上、下卷做分界，把这次增加的文章连同上卷的三篇附录，编为下卷，以示区别。这些文章，大都是应邀而作，或为了赶任务，无甚系统性，所以在编排上以写作时间先后为序。由于上述的同一原因，其中有些文章在内容上也不免重复，甚至连题目也犯重，如1957年为《语文学习》写的《谈〈石壕吏〉》和1962年因纪念杜甫为中央人民广播电台写的《谈杜甫“三吏”中的〈石壕吏〉》。但由于后者是广播稿，作用不同，写法不同，内容上也有可以相互补充之处，而且早已收入中央人民广播电台文艺部编辑的《阅读与欣赏》一书中，所以明知重复，也没有删去。还应提出的，是《别裁伪体，转益多师》一文，名义上是我和廖仲安同志二人合写，实际上是由他一人独扛。这次征得他的同意，收入本集，殊觉生色不少。

《杜甫研究》以及这次新增加的文章，自发表后，曾得到各方面的同志们提供的许多宝贵意见，这对于我修改旧作是一个很大的帮助。有的意见，我已经吸收，随文改定。但也有我认为还须做进一步研究甚至争论才能确定的，对这类意见，也不敢苟从。在这里我想就以下几个问题做一些说明或交代。

一、关于人民诗人问题

我总觉得，并曾对朋友们说过，在我国文学史上，欠劳动人民的血汗债最少、而为劳动人民说的话却最多的诗人，不能不推杜甫。正是基于这一客观事实，1962年我曾为《诗刊》撰写了一篇以《人民诗人杜甫》为题的纪念性文章。不料十年后竟招致了郭老的诘责。我个人的看法和主张，虽然并没有因此而有所动摇，但在对待这个问题的态度上却有了改变。那就是绝不去为杜甫争取“人民诗人”这顶“桂冠”。因为我认为这种争取的任何努力，都会使杜甫感到脸红。你看，他为人民说话，是说得那样如从肺腑中流出，毫无私心杂念，哪里会计较什么“桂冠”？正因为我抱着这样的态度，所以当人民文学出版社的编辑同志把作为《杜甫诗选注》的代前言的那篇《人民诗人杜甫》削去“人民”二字改题为《诗人杜甫》时，尽管事先未通个气，我还是同意的。而且觉得这样处理很好、很策略，既无损于文章内容和对杜甫的实际评价，又可避免在无关大体的头衔问题上的顶牛。但这样也带来了一个问题，比如把这篇文章收入这个集子时，是用自己同意了的《诗人杜甫》为题，还是恢复原来的题目《人民诗人杜甫》？考虑的结果，我采用了后者。但不过是想保存历史真相，还它个本来面目，在杜甫研究的道路上留下自己一个脚印，并无争取“桂冠”之意。同时，为了使批评者的言论不至流于无的放矢，我也应该留下这个靶子作为对立面。文责自负嘛。关于杜甫是不是“人民诗人”的问题，目前仍有争论，有同志认为杜甫可以“当之无愧”，但也有同志反对，并断言在封建社会根本就不可能有人民诗人。我想，随着科学文化的日益普及和提高，广大人民将做出他们自己的判断。

二、关于人道主义问题

提起人道主义，我至今还心有余悸。不用说是因为触犯了“四人帮”设置的禁区。奇怪的是，“四人帮”垮台，屈指已三年，但这个禁区竟依然无人敢傍。所以临当要动手修改这份旧稿时，不免犯愁。改吗？有点不心甘，而且觉得找不到一个适当的代用品。不改吗？又怕留下后患。直到去年冬，在《文艺研究》第三期上读到朱光潜先生《关于人性、人道主义、人情味和共同美问题》一文时，我这才如释重负，直起了腰杆，不管如何，这个禁区是被冲破了。我可以把那曾经是自己的一条罪状的“人道主义”留在那儿了。

其实，早在“文化大革命”前，就已有同志对我用人道主义来解释杜诗中的某些思想现象，说杜甫是伟大的人道主义者提出了批评。这里我想做一个简单说明。人道主义是个新名词、舶来品，它的出身、来历等我也是知道的。但我根本不是从这些出发，不是从它的特定的身份出发，而是从它的一般含义，从它的带有普遍性的尊重人、爱护人的总的精神出发来借用它的。毛主席不是早就提出过“革命的人道主义”吗？不是说那个“开小差逃跑”的伯夷，“颇有些‘民主个人主义’思想”吗？只要能恰当地说明问题，我们为什么不能借用？而且我以为这种精神，这种思想在我国古代就早已有了，并逐渐形成了一种传统。孔丘“仁者爱人”的主张且不去说，单凭孟轲引用他的那两句话就足够说明：“始作俑者，其无后乎！”为了反对用偶人殉葬，这位“圣人”简直是怒形于色了。尔后，从墨翟讲的“兼爱”、孟轲讲的“亲亲而仁民，仁民而爱物”等，一直到宋儒张载讲的“民吾同胞，物吾与也”，便都可以说是这一思想的继续和发展。这种人道主义的思想和精神，在某些大作家、历史家或诗人的身上也有所表现。前者如司马迁，他叙事一般不发议论，但在《酷吏传》中当写到王温舒的残酷时，他怒不可遏地说：“其好杀伐行威，不爱人如此！”后者如陶渊明，他是以“冲淡”著名的诗人，其实他的心肠是热的，当他送一仆人回家帮助儿子劳动时，特地写了一封信告诫儿子说：“此亦人子也，可善遇之！”但是，表现得最充分、最突出的还是杜甫。因此，我把人道主义的思想作为杜甫的一种进步思想并写成专节。

在分析杜甫这一思想时，我曾指出其中包含着两种可贵的进步因素：一是自我牺牲的利他主义精神；一是善恶分明，爱憎分明。我以为这还是符合实际情况的。关于前者，我举了《茅屋为秋风所破歌》为例，但有同志不同意，说“作为封建士大夫的杜甫，他不可能具有忘我精神，成为自我牺牲的利他主义者”。这未免有些奇怪。为什么一个封建士大夫就不能具有？民族英雄文天祥是不是封建士大夫？且看旧史官是怎样评论他的死吧：

“观其从容伏质（锧），就死如归，是其所欲，有甚于生者！”请问：这不是为祖国民族的尊严而不怕牺牲的忘我精神，又是什么？然而，文天祥的这种精神正是从杜甫身上、从杜甫诗中直接吸收来的，是和杜甫在《茅屋为秋风所破歌》中所表现的精神一脉相承的。（具体情况，我在“杜甫的影响”一章中已有所叙述。）怎能因为杜甫是封建士大夫就说他不能具有这种精神呢？我说杜甫是一个伟大的人道主义者，还因为我觉得这种精神几乎贯串在他的生活的各个方面。以夫妻爱情为例，《赴奉先咏怀》诗说：“老妻寄异县，十口隔风雪。谁能久不顾？庶往共饥渴！”庶是庶几，有求之不得之意。求什么？那就是“共饥渴”。我以为在这种深厚的爱情中兼具有人道主义精神。从这里，我们也就不难理解，为什么杜甫那样长时期地流离贫困，却从不曾像《诗经》里《北门》诗的作者那样处于一种“我入自外，室人交遍谪我”的窘境，从而得以一心一意地来完成他的作业。（现存杜诗一千四百多首，百分之九十以上都是写于贫困离乱中的。）

关于善恶分明，爱憎分明，这里我想补充一个例，就是那首《遭田父泥饮美严中丞》。从这首诗中我们可以清楚地看出诗人杜甫在对待这位老农的态度上完全是平等的。不仅把田父当人看，而且是当朋友看，所以在举动上，那田父敢于大声大气，动手动脚。如果我们联系杜甫是一个曾经做过左拾遗侍候过皇帝的人物，那么对于他的这种精神，就更应给以充分肯定。在我国文学史上似乎未见第二人，似乎没有第二篇。（按：诗中有“指挥过无礼，未觉村野丑”之句，诗意和唐太宗说的“人言魏征举动疏慢，我但觉妩媚”差不多，原是赞赏，不是憎厌。郭老为了要表明杜甫和老农之间“阶级的界限，十分森严”，把这两句诗译成杜甫“说老农太不讲礼貌，说老农粗鄙”，这是公然的歪曲。）

三、关于主导思想问题

杜甫的主导思想是儒家，说得具体些是孔孟，这几乎已成定论。但郭老却提出了新的看法。他说：与其称杜甫为“诗圣”，倒宁可称杜甫为“诗佛”。这就使得我们不能不做些说明了。

为了证明杜甫信仰佛教，是禅宗信徒，郭老从杜诗中列举了十四条证据。其实这些证据一点也不能证明杜甫的主导思想是佛家。我们知道，唐代是儒、释、道三教并重的，所以几乎所有的诗人都和和尚有来往或唱和，都欢喜到和尚庙子里游览游览，也都懂得一些佛学。杜甫也不例外。写作是不能不看对象、不顾场合的。你的诗是写给和尚的，是在和尚庙子里写的，你自然得说些恭维佛祖的话，说些内行话。这是人之常情，也是势所必至。只要把郭老举出的那十四条证据的诗题略加分析，问题就很清楚了。从诗题看，不外两部分。一是写给和尚的。

如《大云寺赞公房》《赠蜀僧闾丘师兄》《谒文公上方》《谒真谛禅师》。一是写于寺庙或和寺庙有关的。如《和裴迪登新津寺》《后游修觉寺》《上兜率寺》《望兜率寺》《望牛头寺》《山寺》《陪章留后惠义寺饯嘉州崔都督赴州》《别李秘书始兴寺所居》《岳麓山道林二寺行》。唯一的例外是《写怀》。《写怀》有两首，第二首的最后有这么两句“终然契真如，得匪金仙术?”金仙是指佛，我们不必像某些旧注家把这说成是“愤俗之语”，但单凭这么一点模糊的念头就能成为佛教信徒和“诗佛”吗?关于“不复知天大，空余见佛尊”二句，解说很不一致，郭老说杜甫把释迦牟尼看得比天还大，比“文宣王”孔丘、“至圣玄元皇帝”老聃还要尊，也是有问题的。值得注意的，倒是《赠闾丘师兄》中的这四句:“漠漠世界黑，驱驱争夺繁。惟有摩尼珠，可照浊水源。”摩尼珠即清净摩尼宝珠，也就是佛珠，这里代指佛教。浊水比喻黑暗污浊的世界。据说“摩尼珠投之浊水，水即为清”，故杜甫借以为喻。这两句诗，与其说是杜甫在推崇佛教，不如说是他要利用佛教，利用它来达到儒家所说的“治国平天下”的政治目的，改革黑暗的社会现实。尽管这是不可能实现的幻想，但从这里我们也正可以清楚地看出杜甫的主导思想不是佛教而是儒家。作为一个作家的主导思想，它必然要在作品中反复出现，“不择地而皆出”，然而杜甫的佛教思想却远不是这样。过去，我比之“昙花一现”，还是符合实际的。

如果我们把杜甫诗中有关儒家思想的诗句也逐条罗列，那将不是十几条，而是百几十条。这是没有必要的。这里只简单地指出以下几点：第一，杜甫以出身于一个“奉儒守官，未坠素业”的家庭为荣；第二，杜甫自始至终都是以“儒家者流”自居（这在书中已举了不少例）；第三，杜甫用以教育他的孩子们的是儒家经典，如云“应须饱经术”，并希望他们能成为“七十二贤”式的人物：“曾参与游夏，达者得升堂”；第四，杜甫一贯坚持的“致君尧舜上，再使风俗淳”的政治理想，和“未达善一身，得志行所为”的从政态度，都是来自儒家的；第五，杜甫作诗的法则也是从儒家来的，所谓“法自儒家有”；第六，杜甫认为唐王朝如果要恢复过去的业绩还是得用儒术，所以说“周室宜中兴，孔门未应弃”！这是他临死的那一年所作《题衡山县文宣王庙新学堂》一诗中的两句，是经过和释、道两家做比较之后得出的结论，表现了他对儒家学说的最终的评价。事实上，不只是唐代一代，整个封建社会时期，要丢弃儒门都是不可能的。因为佛、道二教全都“不切事情”，而那时又不可能产生新的思想体系来取代儒家学说。从上举诸点，我们已不难断定杜甫的主导思想是哪一家。前人称王维为“诗佛”，这是非常恰当的。他自三十岁丧偶后即未娶妻，不饮酒，不茹荤，最难及的是他那种“晚年惟好道，万事不关心”的“涵养”。而所有这些，杜甫都与之相反：他爱妻子：“未能割妻子，卜宅近前峰。”（《谒真谛寺禅师》）他要吃肉，要喝酒，没有钱时便支使孩子去赊：“邻人有美酒，稚子夜能赊。”（《遣意》）他不是“万事不关心”，而是“中夜起坐万感集！”（《同谷县作歌七首》）像他这般人，如何成得“诗佛”？

四、关于忠君思想问题

不用说，这一思想也是来自儒家的。我特地提出来，是因为在杜甫身上这一思想特别突出，而在杜甫的研究上也形成了一个颇为纠纷的问题，所以想趁此再版机会，做些补充说明。首先，我觉得在谈论杜甫的忠君思想问题上，我们似乎都忽略了这样一点，那就是杜甫在一定程度上，也接受了孟子把暴君殷纣王说成“一夫”（独夫）、说周武王伐纣不是“弑君”而是“诛一夫纣”的富有革命性的进步观点。杜甫的《行次昭陵》一诗是用这么两句开头的：“旧俗疲庸主，群雄问独夫！”昭陵是唐太宗李世民的坟墓。很明显，这个“群雄”，就是指的包括李世民在内的隋末众多的农民起义领袖，这个“独夫”，也毫无疑问就是指的暴君隋炀帝。“问”就是兴师问罪。由此可见，对于残民以逞的暴君，他也是把他看成“独夫”，不仅不效忠，而且认为应当实行吊民伐罪。从这里，我们也就不难理解，为什么杜甫对于那个曾经造成历史上有名的“开元盛世”、被称为“五十年太平天子”的唐玄宗李隆基特别有好感，抱有更多更大的幻想。要知道，杜甫在《赴奉先咏怀》中说的“生逢尧舜君，不忍便永诀”，并不是一句门面话、一般的颂词，而是的的确确把他看成“尧舜君”的（李白也曾称唐玄宗为“明主”），是一个可与“大有为”的君主。“葵藿倾太阳，物性固莫夺。”这两句最足以表明杜甫忠君思想的诗，在很大程度上也是针对他心目中的这位“尧舜君”而发的，有其特定的对象。随着对象的不同、环境的不同，他的态度也有所改变，并非铁板一块。大家知道，当唐肃宗李亨不信任杜甫，把他从左拾遗的“近臣”出为华州司功参军的第二年，杜甫是掼了他的乌纱帽的：“弃官客秦州。”不但表示不合作，而且口出怨言：“唐尧真自圣！野老复何知？”（《秦州杂诗二十首》最后一首，这里的“唐尧”指李亨，是讽刺性的恭维，与上引“尧舜君”有别。）这两句诗是可以说得上“大不敬”的。不仅如此，还要说怪话：“张后不乐上为忙。”嘲笑他怕老婆。难道唐肃宗不是“太阳”，杜甫为什么不“倾”了呢？后来唐代宗想召他回去任京兆功曹，他也没有去。由此可见，在对待君主的态度上，杜甫也并非漫无差别，毫无条件，在不可动摇的绝对性中也有一定的相对性。郭老为了贬抑杜甫，在忠君的方式上也分了个高、低级。高级的是屈原，低级的是宋玉，而杜甫则是宋玉的嫡传。他说杜甫的忠君方式的标准，“在宋玉的《九辩》中可以找到。‘专思君兮不可化’‘窃不敢忘初之厚德’‘窃不自聊而愿忠’，这些都是‘每饭不忘君’的源泉了”。并把杜甫的忠君和后来韩愈说的“臣罪当诛，天王圣明”等同起来。这是不能令人同意的。当杜甫从沦陷了的长安逃归凤翔时，唐肃宗任命他为左拾遗，对此，杜甫确是感激涕零的：“涕泪授拾遗，流离主恩厚!”然而，曾几何时，他竟然“忘初之厚德”，弃官而去了。这能说是接受了宋玉的教训吗?

其次，我认为在天子以四海为家的家天下的封建社会里，人君是国家和民族的代表，他掌握着至高无上的权力，同时又大力宣扬以忠君为核心的封建思想道德，在这种情况下，所有士大夫几乎无一不打上“忠君”的封建烙印，无一不是对人君抱有幻想。这是正常现象。没有忠君思想倒是怪事。而且这也并不妨碍他们成为伟大的历史人物。即以文学史而论，屈原没有忠君思想吗?“恐皇舆之败绩”“虽九死其犹未悔!”李白没有忠君思想吗?“待吾尽节报明主”“丈夫赌命报天子!”然而并没有影响他们成为伟大的诗人。问题在于你是为了个人的荣华富贵，还是想通过忠君取得人君的信任来为国家人民做一番事业。一个伟大的作家，总是属于后者。所以在他们的作品中，忠君和爱国爱民总是交织在一起。如杜诗“时危思报主”之与“济时肯杀身”，“日夕思朝廷”之与“穷年忧黎元”，便都是明显的例证。“报主”之中有“济时”，“济时”之中也有“报主”；“思朝廷”是为了“忧黎元”，“忧黎元”所以就得“思朝廷”，因为在那个时代老百姓的命就是捏在那个“朝廷”上。字面不同，精神是相通的。不能形式主义地看见有“朝廷”“君主”一类字样就“望望然去之”。当然，杜诗中也有某些表现了一种庸俗的忠君思想的，如《槐叶冷淘》《杜鹃》等。《哀王孙》原也是一首好诗，不失为一篇“诗史”。但因为一想到“高帝子孙尽隆准，龙种自与常人殊”这么两句，便顿生厌恶。所以在杜诗选注中我始终摒而不录。过去，有同志说我“美化”杜甫的忠君思想，这很使我惶惑。忠君思想是地地道道的封建性糟粕，如何能“美化”？如果认为我指出杜甫的某些诗句是忠君和爱国爱民相结合便是“美化”，这将是一种误会。关于杜甫的忠君思想问题，是一个较复杂的问题，但只要我们实事求是，结合历史多做具体分析，我们还是可以取得一致的看法的。在这个问题上花费过多的时间精力，这不合算。

五、关于“干谒”的问题

“长安居，大不易。”可是杜甫为了要实现自己的抱负，却硬要居下去，而且一居十年。这自然得吃苦头。他既无钱，又没学得手艺，在万般无奈的情况下他开始向权贵们投诗。由于投赠的对象比较杂，尤其是向哥舒翰和杨国忠的红人鲜于仲通投诗，更招致后来的物议，异口同声，责备杜甫“为了求取功名，是多么不择对象”！事实并非如此。杜甫还是有所选择的。当时朝廷权势最大的有二人：一是“口蜜腹剑”做了十九年宰相的李林甫，一是杨贵妃的堂哥杨国忠。但杜甫都没有向之投诗。杜位是李林甫的爱婿，也是杜甫的堂弟，但他没有走这个后门。李邕是李林甫在天宝六年（747）杖杀在北海太守任上的，可是杜甫竟不避忌讳，天宝七年（748）在《奉赠韦左丞丈》诗中就高唱“李邕求识面”，和宰相唱反调。《进封西岳赋表》里确有“维岳授陛下元弼，克生司空”之文，过去包括我自己在内，都以为“元弼”“司空”指杨国忠，最近有同志指出《进封西岳赋表》文写于杨国忠“守司空”之前，不可能是指杨国忠。看来这还是有待研究的问题。其实，即指杨国忠，也无可厚非。一则此时杨国忠大恶未著；安史之乱初期，一度相唐肃宗收复两京的张镐，还是由杨国忠从布衣中提拔为左拾遗的。（张镐自己没有留下诗，但对当代诗人极有好感，在他当权不过一两年的短时间内，他先后为搭救李白和杜甫的生命都出过力，而且还替诗人王昌龄报了仇。所以每逢提到张镐，我总不免产生一种感激心情。这是题外的话。）再则是受到文体的制约。因为杜甫在这里写的是劝唐玄宗封禅西岳的赋，只能说好，不能说坏。他不能像写《丽人行》那样说心里话。要不歌颂，那只有不写。文各有体嘛。

最容易引起人们的非议的，是杜甫一方面写了不少的投赠诗，一方面又说自己是“独耻事干谒”！对此，郭老就提了意见：“以诗文求有权位者荐举（“干谒”），是唐代士子的通习，倒不能以此苛责杜甫。但杜甫是以‘独耻事干谒’自行标榜的人，而实际的情况却是这样，未免有点言行不一致吧？”乍一看，很有点像。仔细一考察，却未免有冤枉。干谒，可以包括投诗求荐一类活动在内，但却不能把“干谒”和“投诗”完全等同起来：(1) 从当时社会风气来看，不能等同。唐人重诗，进士所以特别吃香就是因为他们都能诗。所以白居易说“以文得禄，亦足为荣”。向权贵们投诗，又不是行贿，在唐人心目中根本就不认为是什么可耻之事。(2) 从文字含义来看，也不能等同。什么是“干谒”？用现在的话来说，就是“求见”或“登门求见”。举个例，如韩愈《复上宰相书》：“愈之待命，四十余日矣。书再上而志不得通，足三及门而阍人辞焉。”所谓“足三及门而阍人辞焉”，就是说三次登门求见都被传达室挡驾了。要像这样“足及门”才是干谒。而投诗是不必登门求见的，是两码事。如此说来，杜甫有什么“自行标榜”和“言行不一”之处呢？他并没有撒谎。（关于“独耻事干谒”，还有同志以为是杜甫后来觉悟到干谒无用，才说出这话。这也是由于把投诗和干谒混为一谈而引起的误解。）

谈到杜甫向哥舒翰投诗，那也不值得惊讶，诗人高适就是他的幕府书记。哥舒翰后来的身败名裂，谁也预料不到，李白不也有诗赠哥舒翰吗？他在《述德兼陈情上哥舒大夫》一诗中，歌颂哥舒翰是：“卫青漫作大将军，白起真成一竖子！”这吹捧也不在杜甫的《投赠哥舒开府》之下。郭老为了要表明“李白的见识是高于杜甫的”，对李白的那首诗便坚决相信是“伪作”，从而证明李白对哥舒翰后来投降安禄山早有预见，而杜甫则是“太无知人之明”。其实大可不必。因为我以为这正是李白、杜甫两大诗人光明磊落之处。不以成败论人，不为自己打掩护，让后世读者能够看到他们的全人。那时又无报纸杂志，要灭迹很容易，只消把作品从自己的诗卷中抽去或抹掉，就行。但他们都没有这样做。李白连《永王东巡歌十一首》全都保留下来了。诗中一再地称永王为“贤王”“我王”“君王”“帝子”，看来连文字都一无改动。这种作风，应该说是可取的。

六、关于杜甫之死的问题

这是个老问题，目前虽仍有分歧，但通过讨论以及新的证据的发现，将不难做出结论，取得一致。关于这个问题的一般情况，书中已多处谈及，不拟重复。这里只结合湖南省平江县的杜甫墓，就个人一贯主张杜甫不是饫死或溺死于耒阳而是病死在由长沙到岳阳的洞庭湖上的说法，做进一步的阐明和证实。

过去，限于见闻，为一些有关杜甫的专著所囿，只知湖南的耒阳和河南的偃师有杜甫墓。去年，我偕同“杜甫全集校注”小组的同志们大体上沿着杜甫的行踪到洛阳、西安、成都等地走访了一番，这才知道在河南的巩县和湖南的平江也都有杜甫墓。杜甫的墓地，不是两个，而是四个。在这四个墓中，名气最大，后人凭吊最多的，当然要数耒阳一墓。但也最不可信。因为杜甫根本就不是死在耒阳的。偃师一墓，见于元稹所作墓志，当然可以据信。今墓前有乾隆时所立碑。巩县原是杜甫的故乡，从曾祖依艺就定居于此，他的后裔为了便于祭扫，再由偃师迁葬巩县，也是情理中事。今墓前有康熙和乾隆时所立碑各一。但此二墓，均无助于解决杜甫之死的问题，我们不去多说。我们要着重说的是平江一墓。因为它是杜甫死于潭岳之间的洞庭湖上的一个有力的佐证。理由如下：

第一，从文献上来看，它和最早的元稹写的墓志“旅殡岳阳”的说法正好符合，为“旅殡岳阳”提供了物证。关于平江的杜墓，以同治《平江县志》所载为较完备，且附有邑人李元度的《杜墓考》。该志卷八《冢墓》载：“唐左拾遗工部员外郎杜甫墓在县南三十里小田。”小田为何会有杜墓？该志卷四十八《流寓》有如下记载：“杜宗武，襄阳人，工部员外郎甫次子。甫自蜀归，病卒于潭岳之交，宗武扶其榇，旅殡岳阳，四十余年。平为岳属，县南小田有甫墓，盖权厝冢也。”这记载很平实。光绪十一年修的《湖南通志》卷三十九《陵墓四》平江县下有同样的记载，唯“三十里”作“二十五里”。按平江县，唐时为昌江县，是岳州（即岳阳）五属县之一（见《元和郡县志》卷二十七），因而元稹得以概称“岳阳”，所谓“旅殡岳阳”，实即“旅殡平江”。杜甫死在岳州境内，即权葬在岳州的属县，这是很自然而合理的事情。平江杜墓，沉埋逾千载，故李元度有“今小田之杜墓，几无有人知之者”的慨叹。但这并不影响平江小田确曾一度为杜甫埋骨之地的真实性。因为岳阳属县，别无杜墓，只此小田一处。

第二，从地理和交通方面来看，平江墓也正好表明杜甫是死在离平江不远的洞庭湖上。平江县有汨罗江，是流入洞庭湖的，交通很便利。所以李元度说：“由洞庭溯流，一舟可达。小田距昌江治（今中县坪）十里，公殆卒于舟，而渴葬于此欤。”这个推测是很合理的。过去，我曾根据杜甫绝笔《风疾舟中》一诗里的“舟泊常依震，湖平早见参”，推定杜甫当死于洞庭湖上的舟中，那时我还不知平江有杜墓，现在看来，我这一推断是更加可信了。估计，杜甫当死在汨罗江入洞庭湖处附近。钱谦益既相信《明皇杂录》和新、旧《唐书》，同时又相信元稹的墓志，因而说杜甫是“卒于耒阳，殡于岳阳”。这是很牵强的。所以黄生驳他说：“耒岳两地悬绝，更隔洞庭一湖，卒此殡彼，理不可信，徒作骑墙之见耳。”驳得有理。黄生当时亦不知平江有杜权葬墓，以为“旅殡岳阳”即旅殡岳阳城，故有“更隔洞庭一湖”的话。是的，死在耒阳，理应即旅殡耒阳，何必远道旅殡岳阳，岂非多此一举？何况平江又非将来迁柩北归的必经之路，岂非自找麻烦？

第三，权葬平江，也有助于我们理解为什么元稹明明说是“旅殡岳阳”，而结果却竟无一人提及杜甫坟墓这一怪现象。我们知道，岳阳是一个著名的州郡，又有岳阳楼，诗人往来，络绎不绝，如果杜甫这一“新诗海内流传遍”的大诗人的灵柩真个权厝在岳阳城厢，且有四十余年之久，那肯定是会有人咏及的，但翻遍全唐诗，却找不到一些蛛丝马迹，岂非怪事？现在我们知道，所谓旅殡岳阳者原是旅殡平江，这就不会感到不可理解了。因为平江是一个“历代率视平为散地”的“叠叠重重山复山”的偏僻小县，人士往来既少，墓地又离县治十里，自然不易为人所知。有人据王得臣《麈史》所载宋人（《全唐诗》误为唐人）徐介《过杜工部墓》一诗，以为是写的小田杜墓，那是错误的。因为这首诗，也见于阮阅的《诗话总龟》（卷十六）和蔡梦弼的《草堂诗笺》（酬唱附录），都明言是题耒阳杜工部祠堂的，而《麈史》所载此诗的第一句“水与汨罗接”，也只能证明是作于耒阳，所谓“水”，即指耒水。（此诗首句及其他诸句，尚有异文，这里不多涉及。）

平江杜墓，还从反面证实了耒阳杜墓之非真墓。“饫死”和“溺死”这类谣传之所以能甚嚣尘上，也正是因为真墓僻处平江一隅，四十三年后，又由平江悄悄地迁葬于偃师，当时除个别人如撰写墓志的元稹知道底细外，几无人知晓，因而也就无人加以纠正。《明皇杂录》作者郑处诲年辈比元稹晚得多，834 年他才中进士，《杂录》之作可能还要晚，而元稹 831 年即已去世，根本不可能看到《杂录》，加以驳正。

也许有同志要问：杜甫既然是死在半路上，为什么不径驶岳阳而要转道由汨罗往平江？我想，这在很大程度上可能是由于经济上的原因。在封建社会，一般人家是死不起人的，办丧事很不简单。比如杜甫的朋友房琯，曾一度做过宰相，但当他死在四川时，办丧事似乎就感到困难。所以杜甫在祭文中曾慨叹于人情的浇薄：“州府救丧，一二而已。自古所叹，罕闻知己。”高适《哭裴少府》诗也说：“公才群吏感，葬事他人助。”如果没有朋友的帮助，那就是只好“旅殡”。像以“姑苏城外寒山寺，夜半钟声到客船”的诗句闻名的张继，他原是襄阳人，也因家贫而不得不旅殡南昌，刘长卿《哭张员外继》诗说：“故园荒岘曲，旅榇寄天涯……世难愁归路，家贫缓葬期。”我们从杜甫那首绝笔诗中，已可看到他一家的穷况，死了人，别的不说，买棺材就不易。何况又是为人在客，还得买块权葬的地皮，有了坟，就得有人守坟，这也就是说，当时摆在他们面前的问题，不只是安葬死人，还得考虑安顿活人。几乎可以肯定：多半是宗武，这个杜甫曾用“自从都邑语，已伴老夫名”这样的诗句来夸奖过的他的次子，带着他父亲刚完成的那篇《奉呈湖南亲友》的绝笔，赶往岳阳去向那位裴使君报丧求援。一年前，杜甫过岳阳时曾陪同这位裴使君登岳阳楼，赠诗中有“礼加徐孺子”之句，把他比作陈蕃，看来他对杜甫很尊重。现在杜甫死在他的管内，他又一次也是最后一次成了杜甫的东道主人，自然要尽力帮助。估计，权葬平江，并在平江暂时安家落户，可能就是由他做出的安排。岳阳虽比不上长安，可也是个大邑，居亦颇不易，不如小县，较易谋生。总之，如当时没有湖南亲友的周济，杜甫死后这一家子是不堪设想的。从这里，我们也就可以知道为什么杜甫临死前要写那样一首《奉呈湖南亲友》的诗，那简直是一篇自写的讣闻，一篇向湖南亲友托孤的呼吁书。

李元度《杜墓考》说：“公柩权厝小田已四十余年，子孙因流寓家于平江，今小田有杜家洞，公裔犹存。其家藏至德三载（按当作二载）授公左拾遗敕及宋绍兴二十二年（按当作三十二年）授杜邦杰为承节郎敕，明参政陈垲、佥事张景贤并为之跋，钱氏谦益亦谓今岳州平江县民杜富家犹藏拾遗敕。”又说：“同治癸酉九月，余与麻邑侯维章、陈学博之纪、张提刑岳龄同访公墓于小田，马鬣固无恙也。”同治癸酉，为 1873 年，距今已百年有余，小田之杜裔及遗冢如何，尚有待实地查访，想来仍必无恙。至于唐宋二敕原物，陈垲所谓“洵杜氏传家之至宝”者，殆已不在人间。不仅李元度未之见，即钱谦益亦未尝见。钱氏笺注杜《述怀》诗所引左拾遗敕原文，乃得之明代弘治、隆庆或崇祯时所修之旧县志（今二敕原文见乾隆本《平江县志》），其所记左拾遗敕之纸色、字形和御宝等，则本之陈垲《跋杜氏诰敕》（跋文见乾隆、嘉庆、同治各本《平江县志》），且有所节略，彼实未见原物。杜富乃弘治时人，其家藏二敕事，载弘治旧县志，彼亦未尝亲与杜富相接。（钱氏不注明出处，故吾人易为所惑。）陈垲因曾目睹原敕，“悠然起敬慕之情”，故深信平江之杜，为杜甫之裔，而平江之有杜裔，则又由于平江之有杜墓。所以他用提问的语气说：“然则平江之杜，何自而来哉？若非诚子美之裔，则此敕何自而得哉？”这提问很有道理，能令人信服。反观耒阳，乃从不闻有杜裔，即此一端，亦足证杜甫之不死于耒阳，不葬于耒阳。

以上，是我就关系较大的几个问题所做的一些补充说明。新中国成立三十年来，个人有关杜甫的论文，长长短短，就都在这儿了。

二十几年前，拙作初版时，我在引言中曾表示要把杜诗介绍给广大的劳动人民，并要求自己贯彻毛泽东文艺思想，遵循鲁迅先生的有关教导，对杜甫及其诗做一比较全面、系统和真实的论述，现在真个是“不堪回首”。说也难怪，在十年厄运中，杜诗连文化遗产的资格也被剥夺了，在中学讲讲杜诗也成了问题，我自己也讲过“发誓不谈杜诗”的话。这一切，现在虽已成过去，但“岁月不我与”，能无“仰视皇天白日速”之叹？

在所有杜诗的注家中，仇兆鳌是用力最勤的一个。关于注杜的经过，他晚年有这样一条自述：

> 注杜，始于（康熙）己巳岁（1689），迨乙亥（1695）还乡，数经考订。癸未（1703）春日，刊本告竣。甲申（1704）冬，仍上金台，复得数家新注，如前辈吴志伊、阎百史，年友张石虹、同乡张迩可，各有发明。辛卯（1711）致政南归，舟次辑成，聊补前书之疏略。时

年七十有四矣！

从这条自述，我们知道，仇氏自开始写《杜诗详注》一节到此书刻成，凡历时十四年。刻成之后，他并未终止注释工作，所以经过八年，他又写成了一卷《杜诗补注》（简称《补注》），自述中所谓“辑成”，即指这卷《补注》说的。这卷《补注》原列在全书最后部分的《附编》下卷内，这条自述，则又是写在这卷《补注》的末尾的。最近中华书局出版的《杜诗详注》为免读者前后翻检之劳，特将《补注》拆散移归有关各诗，这样处理自是好的；编辑同志把这条自述放在杜甫绝笔《风疾舟中》一诗注文的最后，也是合适的，只能如此。不过，由于《补注》既因拆散而被取消，同时在移置时又未标明“补注”字样，这样，仇氏这条自述所谓“聊补前书之疏略”的话就不免落空，而通过补注所显示出来的那种锲而不舍的刻苦精神也就不免被冲淡，不易为读者所注意。而这点是很有教育意义的。至于当仇氏最后写完“时年七十有四矣”这一句时，那种类似曹雪芹说的“字字看来都是血，十年辛苦不寻常”、为一个作家所特有的快慰感，读者就更不易领会了。[按：此后二年，仇氏仍从事搜集诸家评论，见《诸家论杜》后、康熙癸巳（1713）所作附记。但注释工作此时已结束。]

我之所以深有感于仇氏之言，是因为自己的年龄，适与仇氏相当，但却无法像仇氏一样声情摇曳地说上一句“时年七十有四矣”！回顾过去，唯有惭愧；瞻望前途，还不无惶恐。校注任务，远未完成，这就不多说了。

水平有限，错误自多，所望海内专家，广大读者，不吝指教！

萧涤非

1980 年 4 月于山东大学

附四：《杜甫研究》再版漫题

我于古文学，特爱少陵诗。
问子何故欤？殊亦不自知。
诗非从天降，诗乃人所为。
人高诗自高，人卑诗亦卑。
灿灿杜陵叟，其人即可师。
一身不自保，乃愿天下肥。
庐破甘冻死，无家念蒸黎。
以兹赤子心，成彼黄绢辞。
大则笼天地，细或入游丝。
语语出肺腑，字字费神思。
朱门酒肉句，尤堪作范仪。
嗟予幼学杜，今已过古稀。
岂无分寸功？所得亦已微。

虽名曰研究，其实无发挥。
赋此聊志愧，非敢望解颐。

1980 年 4 月 8 日

国家新闻出版广电总局
首届向全国推荐中华优秀传统文化普及图书

‖大家小书书目

国学救亡讲演录	章太炎 著 蒙 木 编
门外文谈	鲁 迅 著
经典常谈	朱自清 著
语言与文化	罗常培 著
习坎庸言校正	罗 庸 著 杜志勇 校注
鸭池十讲（增订本）	罗 庸 著 杜志勇 编订
古代汉语常识	王 力 著
国学概论新编	谭正璧 编著
文言尺牍入门	谭正璧 著
日用交谊尺牍	谭正璧 著
敦煌学概论	姜亮夫 著
训诂简论	陆宗达 著
金石丛话	施蛰存 著
常识	周有光 著 叶 芳 编
文言津逮	张中行 著
经学常谈	屈守元 著
国学讲演录	程应镠 著
英语学习	李赋宁 著
中国字典史略	刘叶秋 著
语文修养	刘叶秋 著
笔祸史谈丛	黄 裳 著
古典目录学浅说	来新夏 著
闲谈写对联	白化文 著
汉字知识	郭锡良 著
怎样使用标点符号（增订本）	苏培成 著
汉字构型学讲座	王 宁 著

诗境浅说	俞陛云　著
唐五代词境浅说	俞陛云　著
北宋词境浅说	俞陛云　著
南宋词境浅说	俞陛云　著
人间词话新注	王国维　著　滕咸惠　校注
苏辛词说	顾　随　著　陈　均　校
诗论	朱光潜　著
唐五代两宋词史稿	郑振铎　著
唐诗杂论	闻一多　著
诗词格律概要	王　力　著
唐宋词欣赏	夏承焘　著
槐屋古诗说	俞平伯　著
词学十讲	龙榆生　著
词曲概论	龙榆生　著
唐宋词格律	龙榆生　著
楚辞讲录	姜亮夫　著
读词偶记	詹安泰　著
中国古典诗歌讲稿	浦江清　著 浦汉明　彭书麟　整理
唐人绝句启蒙	李霁野　著
唐宋词启蒙	李霁野　著
唐诗研究	胡云翼　著
风诗心赏	萧涤非　著　萧光乾　萧海川　编
人民诗人杜甫	萧涤非　著　萧光乾　萧海川　编
唐宋词概说	吴世昌　著
宋词赏析	沈祖棻　著
唐人七绝诗浅释	沈祖棻　著
道教徒的诗人李白及其痛苦	李长之　著
英美现代诗谈	王佐良　著　董伯韬　编
闲坐说诗经	金性尧　著
陶渊明批评	萧望卿　著

古典诗文述略	吴小如　著
诗的魅力 ——郑敏谈外国诗歌	郑　敏　著
新诗与传统	郑　敏　著
一诗一世界	邵燕祥　著
舒芜说诗	舒　芜　著
名篇词例选说	叶嘉莹　著
汉魏六朝诗简说	王运熙　著　董伯韬　编
唐诗纵横谈	周勋初　著
楚辞讲座	汤炳正　著 汤序波　汤文瑞　整理
好诗不厌百回读	袁行霈　著
山水有清音 ——古代山水田园诗鉴要	葛晓音　著
红楼梦考证	胡　适　著
《水浒传》考证	胡　适　著
《水浒传》与中国社会	萨孟武　著
《西游记》与中国古代政治	萨孟武　著
《红楼梦》与中国旧家庭	萨孟武　著
《金瓶梅》人物	孟　超　著　张光宇　绘
水泊梁山英雄谱	孟　超　著　张光宇　绘
水浒五论	聂绀弩　著
《三国演义》试论	董每戡　著
《红楼梦》的艺术生命	吴组缃　著　刘勇强　编
《红楼梦》探源	吴世昌　著
《西游记》漫话	林　庚　著
史诗《红楼梦》	何其芳　著 王叔晖　图　蒙　木　编
细说红楼	周绍良　著
红楼小讲	周汝昌　著　周伦玲　整理

曹雪芹的故事	周汝昌　著　周伦玲　整理
古典小说漫稿	吴小如　著
三生石上旧精魂 ——中国古代小说与宗教	白化文　著
《金瓶梅》十二讲	宁宗一　著
中国古典小说名作十五讲	宁宗一　著
古体小说论要	程毅中　著
近体小说论要	程毅中　著
《聊斋志异》面面观	马振方　著
《儒林外史》简说	何满子　著

我的杂学	周作人　著　张丽华　编
写作常谈	叶圣陶　著
中国骈文概论	瞿兑之　著
谈修养	朱光潜　著
给青年的十二封信	朱光潜　著
论雅俗共赏	朱自清　著
文学概论讲义	老　舍　著
中国文学史导论	罗　庸　著　杜志勇　辑校
给少男少女	李霁野　著
古典文学略述	王季思　著　王兆凯　编
古典戏曲略说	王季思　著　王兆凯　编
鲁迅批判	李长之　著
唐代进士行卷与文学	程千帆　著
说八股	启　功　张中行　金克木　著
译余偶拾	杨宪益　著
文学漫识	杨宪益　著
三国谈心录	金性尧　著
夜阑话韩柳	金性尧　著
漫谈西方文学	李赋宁　著
历代笔记概述	刘叶秋　著

周作人概观　　舒　芜　著
古代文学入门　　王运熙　著　董伯韬　编
有琴一张　　资中筠　著
中国文化与世界文化　　乐黛云　著
新文学小讲　　严家炎　著
回归，还是出发　　高尔泰　著
文学的阅读　　洪子诚　著
中国文学1949—1989　　洪子诚　著
鲁迅作品细读　　钱理群　著
中国戏曲　　么书仪　著
元曲十题　　么书仪　著
唐宋八大家
——古代散文的典范　　葛晓音　选译

辛亥革命亲历记　　吴玉章　著
中国历史讲话　　熊十力　著
中国史学入门　　顾颉刚　著　何启君　整理
秦汉的方士与儒生　　顾颉刚　著
三国史话　　吕思勉　著
史学要论　　李大钊　著
中国近代史　　蒋廷黻　著
民族与古代中国史　　傅斯年　著
五谷史话　　万国鼎　著　徐定懿　编
民族文话　　郑振铎　著
史料与史学　　翦伯赞　著
秦汉史九讲　　翦伯赞　著
唐代社会概略　　黄现璠　著
清史简述　　郑天挺　著
两汉社会生活概述　　谢国桢　著
中国文化与中国的兵　　雷海宗　著
元史讲座　　韩儒林　著

魏晋南北朝史稿	贺昌群　著
汉唐精神	贺昌群　著
海上丝路与文化交流	常任侠　著
中国史纲	张荫麟　著
两宋史纲	张荫麟　著
北宋政治改革家王安石	邓广铭　著
从紫禁城到故宫 ——营建、艺术、史事	单士元　著
春秋史	童书业　著
明史简述	吴　晗　著
朱元璋传	吴　晗　著
明朝开国史	吴　晗　著
旧史新谈	吴　晗　著　习　之　编
史学遗产六讲	白寿彝　著
先秦思想讲话	杨向奎　著
司马迁之人格与风格	李长之　著
历史人物	郭沫若　著
屈原研究（增订本）	郭沫若　著
考古寻根记	苏秉琦　著
舆地勾稽六十年	谭其骧　著
魏晋南北朝隋唐史	唐长孺　著
秦汉史略	何兹全　著
魏晋南北朝史略	何兹全　著
司马迁	季镇淮　著
唐王朝的崛起与兴盛	汪　篯　著
南北朝史话	程应镠　著
二千年间	胡　绳　著
论三国人物	方诗铭　著
辽代史话	陈　述　著
考古发现与中西文化交流	宿　白　著
清史三百年	戴　逸　著

清史寻踪	戴　逸　著
走出中国近代史	章开沅　著
中国古代政治文明讲略	张传玺　著
艺术、神话与祭祀	张光直　著 刘　静　乌鲁木加甫　译
中国古代衣食住行	许嘉璐　著
辽夏金元小史	邱树森　著
中国古代史学十讲	瞿林东　著
历代官制概述	瞿宣颖　著
宾虹论画	黄宾虹　著
中国绘画史	陈师曾　著
和青年朋友谈书法	沈尹默　著
中国画法研究	吕凤子　著
桥梁史话	茅以升　著
中国戏剧史讲座	周贻白　著
中国戏剧简史	董每戡　著
西洋戏剧简史	董每戡　著
俞平伯说昆曲	俞平伯　著　陈　均　编
新建筑与流派	童　寯　著
论园	童　寯　著
拙匠随笔	梁思成　著　林　洙　编
中国建筑艺术	梁思成　著　林　洙　编
沈从文讲文物	沈从文　著　王　风　编
中国画的艺术	徐悲鸿　著　马小起　编
中国绘画史纲	傅抱石　著
龙坡谈艺	台静农　著
中国舞蹈史话	常任侠　著
中国美术史谈	常任侠　著
说书与戏曲	金受申　著
世界美术名作二十讲	傅　雷　著

中国画论体系及其批评	李长之　著
金石书画漫谈	启　功　著　赵仁珪　编
吞山怀谷 ——中国山水园林艺术	汪菊渊　著
故宫探微	朱家溍　著
中国古代音乐与舞蹈	阴法鲁　著　刘玉才　编
梓翁说园	陈从周　著
旧戏新谈	黄　裳　著
民间年画十讲	王树村　著　姜彦文　编
民间美术与民俗	王树村　著　姜彦文　编
长城史话	罗哲文　著
天工人巧 ——中国古园林六讲	罗哲文　著
现代建筑奠基人	罗小未　著
世界桥梁趣谈	唐寰澄　著
如何欣赏一座桥	唐寰澄　著
桥梁的故事	唐寰澄　著
园林的意境	周维权　著
万方安和 ——皇家园林的故事	周维权　著
乡土漫谈	陈志华　著
现代建筑的故事	吴焕加　著
中国古代建筑概说	傅熹年　著
简易哲学纲要	蔡元培　著
大学教育	蔡元培　著 北大元培学院　编
老子、孔子、墨子及其学派	梁启超　著
春秋战国思想史话	嵇文甫　著
晚明思想史论	嵇文甫　著
新人生论	冯友兰　著

中国哲学与未来世界哲学	冯友兰　著
谈美	朱光潜　著
谈美书简	朱光潜　著
中国古代心理学思想	潘　菽　著
新人生观	罗家伦　著
佛教基本知识	周叔迦　著
儒学述要	罗　庸　著　杜志勇　辑校
老子其人其书及其学派	詹剑峰　著
周易简要	李镜池　著　李铭建　编
希腊漫话	罗念生　著
佛教常识答问	赵朴初　著
维也纳学派哲学	洪　谦　著
大一统与儒家思想	杨向奎　著
孔子的故事	李长之　著
西洋哲学史	李长之　著
哲学讲话	艾思奇　著
中国文化六讲	何兹全　著
墨子与墨家	任继愈　著
中华慧命续千年	萧萐父　著
儒学十讲	汤一介　著
汉化佛教与佛寺	白化文　著
传统文化六讲	金开诚　著　金舒年　徐令缘　编
美是自由的象征	高尔泰　著
艺术的觉醒	高尔泰　著
中华文化片论	冯天瑜　著
儒者的智慧	郭齐勇　著
中国政治思想史	吕思勉　著
市政制度	张慰慈　著
政治学大纲	张慰慈　著
民俗与迷信	江绍原　著　陈泳超　整理

政治的学问	钱端升　著	钱元强　编
从古典经济学派到马克思	陈岱孙　著	
乡土中国	费孝通　著	
社会调查自白	费孝通　著	
怎样做好律师	张思之　著	孙国栋　编
中西之交	陈乐民　著	
律师与法治	江　平　著	孙国栋　编
中华法文化史镜鉴	张晋藩　著	
新闻艺术（增订本）	徐铸成　著	
经济学常识	吴敬琏　著	马国川　编
中国化学史稿	张子高　编著	
中国机械工程发明史	刘仙洲　著	
天道与人文	竺可桢　著	施爱东　编
中国医学史略	范行准　著	
优选法与统筹法平话	华罗庚　著	
数学知识竞赛五讲	华罗庚　著	
中国历史上的科学发明（插图本）	钱伟长　著	

出版说明

“大家小书”多是一代大家的经典著作，在还属于手抄的著述年代里，每个字都是经过作者精琢细磨之后所拣选的。为尊重作者写作习惯和遣词风格、尊重语言文字自身发展流变的规律，为读者提供一个可靠的版本，“大家小书”对于已经经典化的作品不进行现代汉语的规范化处理。

提请读者特别注意。

文津出版社